Eduard Seler

Beobachtungen und Studien in den Ruinen von Palenque

Verone

Eduard Seler

Beobachtungen und Studien in den Ruinen von Palenque

1st Edition | ISBN: 978-9-92500-087-6

Place of Publication: Nikosia, Cyprus

Erscheinungsjahr: 2016

TP Verone Publishing House Ltd.

Nachdruck des Originals von 1915.

Von den zahlreichen Steinbauten, die in den alten Wohngebieten der zur Mayafamilie gehörigen Völker und der zwischen ihnen angesiedelten anderssprachigen Stämme sich finden, sind die in Yucatan schon den ersten spanischen Eroberern bekanntgeworden. Teils lebte das Volk noch, das selbst, oder dessen Vorfahren, diese Bauwerke errichtet hatten. Diese Bauten waren deshalb noch in Gebrauch und Benutzung geblieben und wurden rein und von überwuchernder Vegetation freigehalten. Und wo, wie z. B. in *Chich'en Itzá*, das Volk den Ort verlassen hatte, da sorgte einerseits die überragende Größe der Bauten und die doch im allgemeinen bessere Wegsamkeit des Landes dafür, daß die Monumente nicht ganz unter dem Urwalde verschwanden und in Vergessenheit gerieten. Anders in den Waldgebieten der Ebene von *Tabasco*, in den Landschaften am *Usumacinta* und in den heute waldbedeckten Gebieten am unteren *Motagua*. Wo hier, aus politischen oder irgendwelchen anderen Gründen, der Verkehr sich fortgezogen hatte, da nahm der Urwald von der Stadt und den Tempelgründen Besitz, und der Schleier des Vergessens sank auf die ehemals volksbelebte Stätte herab. Das gilt auch für die ihrer Bauten und ihrer Kunstwerke halber berühmte alte Stadt bei dem Dorfe Palenque in Chiapas. Cortes muß auf seinem Zuge von *Tepetitan* am Rio Chilapa nach *Iztapa* an dem großen R. Usumacinta ziemlich nahe an ihr vorbeigekommen sein (vgl. die Karte), aber keine Meldung drang zu ihm von der Existenz dieser Stadt. In dem Berichte über die Ortschaften in der Provinz *Tabasco*, die Melchior de Alfaro Santa Cruz im Jahre 1579 für die spanische Krone verfaßte[1], ist über diese ganze Gegend nichts zu finden. Sie muß vollständig im Besitze ununterworfener Indianer gewesen sein. Erst Mitte des 17. Jahrhunderts wurde von Chiapas aus durch einen eigens von Rom aus gesandten

[1] Relaciones de Yucatan I (Colección de Documentos inéditos relativos al descubrimiento, conquista y organización de las antiguas posesiones españolas de ultramar. Segunda serie. Tomo Num. 11, p. 311 ff.).

Missionar, Lorenzo Mugil, das Kreuz unter diesen Indianern aufgerichtet und die getauften Indianer, die den Pater als Heiligen verehrten, in dem Dorfe Santo Domingo del Palenque, das noch heute existiert (Taf. I, 1), gesammelt[1].

Diesen Indianern vom Stamme der *Chol*, die seit uralter Zeit und noch heute in der Nachbarschaft von Palenque wohnen (Taf. I, 2), werden diese Bauten, wenn auch schon seit Jahrhunderten vom Urwalde überwuchert, natürlich bekannt gewesen sein. Unter den Völkern europäischer Abstammung und Kultur scheint man erst um die Mitte des 18. Jahrhunderts etwas von ihnen gehört zu haben.

Es heißt, daß eine Abteilung Spanier, die im Jahre 1750 westlich von der Lagune von El Carmen in das Land eindrang, plötzlich im Walde auf diese ausgedehnte Anlage stieß. Dann hat sich wohl die Sache in der Provinz herumgesprochen, ohne daß aber etwas geschah, um Näheres über diese Ruinen zu erfahren. Bis endlich im Jahre 1773 D. Ramon de Ordoñez y Aguiar durch einen Bericht, den er der Audiencia von Guatemala einreichte, das Interesse der Behörden für diese Ruinen zu erwecken wußte[2]. Auf seine Anregung hin erfolgte die Entsendung José Antonio Calderon's im Jahre 1784, die des Architekten Bernasconi 1785 und die des Kapitäns Antonio del Rio 1787. Der letztere ließ den Wald niederhauen und das Ganze anzünden, ein Vorgehen, dem es offenbar zuzuschreiben ist, daß nicht eines der wunderbaren Stuckreliefe, die die Wände der Galerien des »Palacio« und anderer Bauten in Palenque schmückten, unversehrt auf uns gekommen ist. Auch suchte er der Aufgabe, die Ruinen zugänglich zu machen, in einer Weise gerecht zu werden, daß (seinem eigenen Geständnisse nach) »nicht ein Fenster, nicht eine Tür vermauert blieb, nicht eine Trennungswand, die nicht niedergerissen worden wäre, nicht ein Zimmer, Korridor, Hof, Türe oder unterirdischer Gang, in dem nicht Ausgrabungen von 2—3 Ellen Tiefe vorgenommen worden wären«.

Die Nachfolger Antonio del Rio's, der Kapitän Dupaix, Waldeck, Stephens, Charnay, Maudslay und Batres, gingen nicht ganz so gewaltsam vor, wenn auch das Roden und Abbrennen noch bis in die neuste

---

[1] John L. Stephens. Incidents of Travel in Central America, Chiapas and Yucatan. New York 1841. Vol. II, p. 286.

[2] Alfred P. Maudslay. Biologia Centrali-Americana. Archæology Vol. IV, p. 7.

Zeit als etwas galt, womit selbstverständlich eine jede genauere Erforschung der Ruinen zu beginnen habe.

Über die allgemeinen Verhältnisse der Ruinen von Palenque, den Plan und die Konstruktion der verschiedenen Bauten und ihre Verzierung findet man einen genauen und sorgfältigen, von zahlreichen Plänen, Photographien und Zeichnungen begleiteten Bericht im IV. Bande des großen Werkes Alfred P. Maudslay's über die Archäologie Mittelamerikas[1].

Dem, was hier über die zutage liegenden Bauten und das, was von ihnen aus zu erreichen ist, gesagt ist, werden neue Untersuchungen wenig mehr hinzufügen können. Dagegen werden ungeahnte Aufschlüsse zu erwarten sein, wenn erst einmal in rationeller Weise mit Grabungen vorgegangen und auch das unter den oberflächlichen Schichten Liegende zutage gefördert werden wird. Als erster Leiter der Escuela Internacional de Arqueologia y Etnologia Americanas in México habe ich das Glück gehabt, im Frühjahr 1911 einige Wochen an dieser berühmten Ruinenstätte zu verweilen, und habe diese Zeit redlich benutzt, durch genaue Besichtigung, durch Zeichnungen und Messungen mir ein Bild von der Gesamtheit der Bauten und ihren Besonderheiten zu machen. Zu Ausgrabungen war zu der Zeit keine Erlaubnis zu erlangen. Auch fehlten mir die Mittel und der zur Bewegung von Steinmassen nötige maschinelle Apparat. Aber in der großen Gebäudemasse, die unter dem Namen »Palácio« (Palast) bekannt ist, die das Zentrum der Ruinenstadt und ihren wesentlichsten Teil bildet, habe ich in Räumen, die ich berechtigt bin, als einen der ältesten und wichtigsten Bestandteile der ganzen Anlage anzusehn, unter den oberflächlichen, die Wand bekleidenden Schichten alte Malereien aufgedeckt, die die Frage nach den Erbauern dieser Stadt und ihren ersten Besiedlern in etwas bestimmterer Weise, wie es scheint, zu beantworten erlauben.

Der Plan, den ich in Abb. 1 nach dem Werke Maudslay's wiedergebe, zeigt, daß die gesamten Bauwerke dieser Ruinenstadt auf einer Terrasse liegen, über der im Süden steinige Hügel hoch und steil emporragen. Zwischen diesen Hügeln tritt aus einer engen Schlucht ein Bach heraus, der in nordöstlicher Richtung die Terrasse durchfließt. Nach Norden fällt das

---

[1] Biologia Centrali-Americana; or, Contributions to the knowledge of the Fauna and Flora of Mexico and Central America. Edited by F. Ducane Godman and Osbert Salvin. Archæology by A. P. Maudslay Vol. IV. London 1896—1899.

Gelände, nicht so hoch, aber ebenfalls steil, zu einer allmählich sich abdachenden Fläche ab, die in die weiten, vom *Usumacinta* durchflossenen und bis an das Meer sich erstreckenden Alluvialebenen sich verliert. Im nordwestlichen Quadranten ist die Terrasse mit einer Anzahl größerer und kleinerer Hügel besetzt, die nur aus vergänglichem Materiale hergestellte, vermutlich für Wohnzwecke bestimmte Bauten getragen haben können. Ähnliche Hügel finden sich noch weithin nach Westen, den Fuß der Höhen begleitend. Dem steil nach Norden abfallenden Rande der Terrasse sind fünf kleine Steinhäuser aufgesetzt, die in einer Reihe liegen und ihre Front nach innen kehren. Im Nordosten findet der Bach, der über die Terrasse strömt, seinen Weg zur Ebene und ist dort von einem Dreieckgewölbe der üblichen Form überbrückt. Drei wichtige Gebäude sind im südöstlichen Abschnitt der Terrasse um einen weiten Hof verteilt, in dessen Mitte ein niedriger Hügel von kreisförmigem Umriß sich erhebt. Es sind die beiden Tempel des Kreuzes und der sogenannte »Sonnentempel« (Taf. II) — richtiger, nach Teobert Maler's Vorgang als »Templo del Trofeo« zu bezeichnen. Sie haben einen dachartig schräg aufsteigenden Fries, der dem Gewölbeteile des Innenraums entspricht, und ein kaum über die Horizontale sich erhebendes flaches Satteldach. Der First ist von einer hoch aufragenden Zierwand gekrönt, die fensterartige Durchbrechungen hat, die ehemals mit allerhand aus gebranntem Tone hergestellten Figuren bekleidet waren. Das Innere zerfällt wie gewöhnlich in einen Vorraum und in einen Hauptraum. Dieser letztere dient aber nicht unmittelbar als Cella, sondern in ihn ist, an die Hinterwand sich anlehnend, ein besonderes kleines, mit einem Dache versehenes Haus eingebaut (vgl. Taf. III und Abb. 2), das offenbar die Cella darstellt. Drei große, mit Relief bedeckte Steinplatten bilden den Hintergrund. Links und rechts sieht man senkrechte Hieroglyphenreihen, schön und scharf geschnitten. Die Mitte nimmt ein heiliges Symbol ein: auf einem Unterbaue, der über einem mit astronomischen Zeichen bedeckten Streifen sich erhebt, ein Baum, dessen einer Zweig senkrecht in die Höhe, zwei andere wagerecht sich strecken, und auf dessen Wipfel ein Quetzalvogel sitzt, — das ist das sogenannte Kreuz von Palenque (vgl. Taf. IV und V), — oder eine aus einem Schilde und zwei Spießen bestehende Trophäe, — das ist die sogenannte Sonne (vgl. Taf. VI). Zu den Seiten dieser Symbole sieht man je einen Priester. Sie sind verschieden gekleidet, und

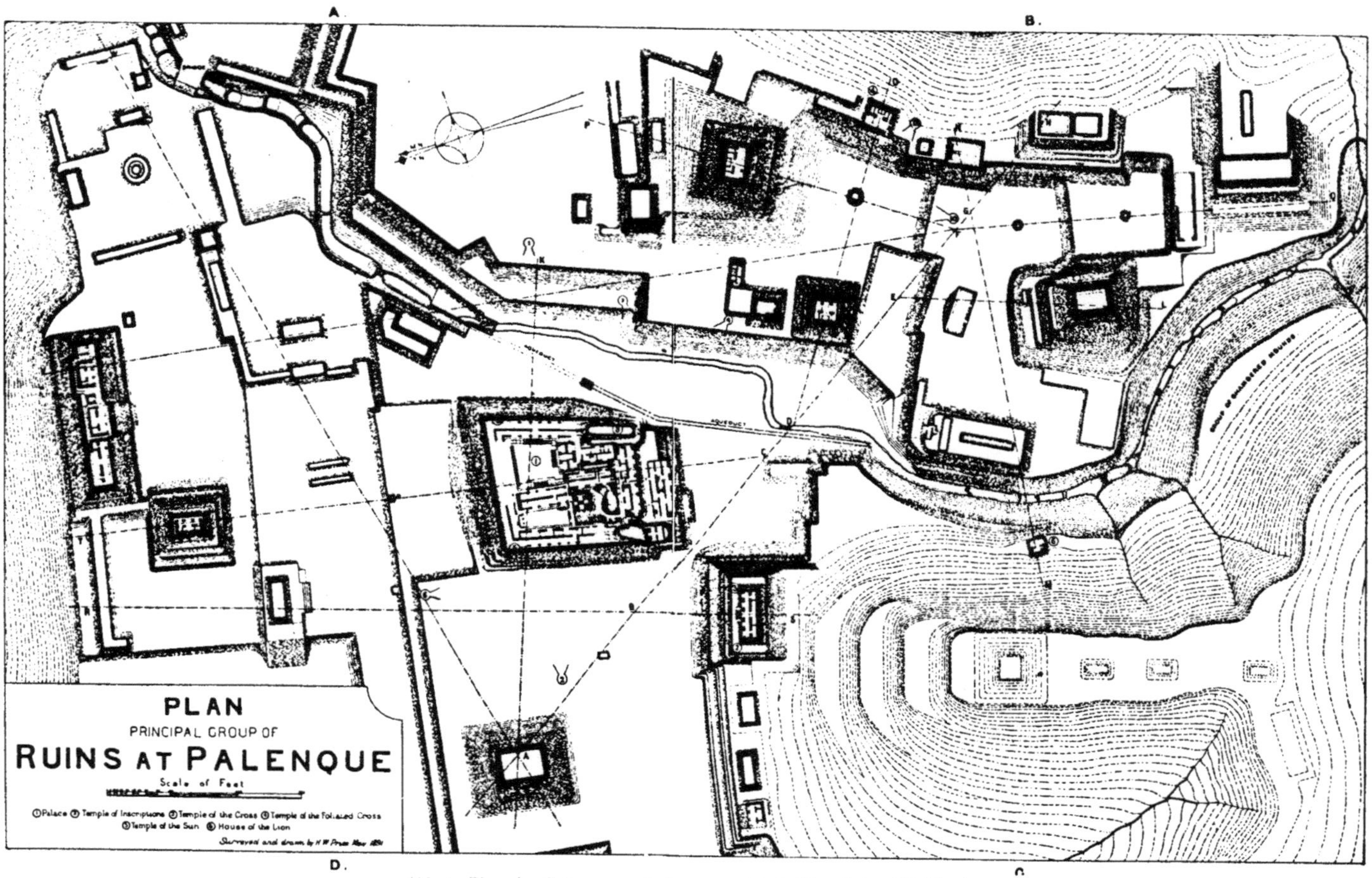

Abb. 1. Plan der Ruinen von Palenque. (Nach Maudslay IV, Pl. 1.)

der eine ist größer als der andere. Beide halten je ein Idol eines Gottes, der durch eine nach oben gebogene Nase sich auszeichnet, und den man mit dem Gotte *Ah bolon tz'acab* der Yukateken, dem Gotte des Wassers und der Fruchtbarkeit[1], der mit *Chac*, dem Regengotte, im Wesen eins ist, identifizieren muß. Indem die Priester das Idol dieses Gottes darbringen, sprechen sie natürlich ein Gebet aus um Regen und Fruchtbarkeit, oder — richtiger wohl — zaubern sie dem Volke Regen und Fruchtbarkeit herbei.

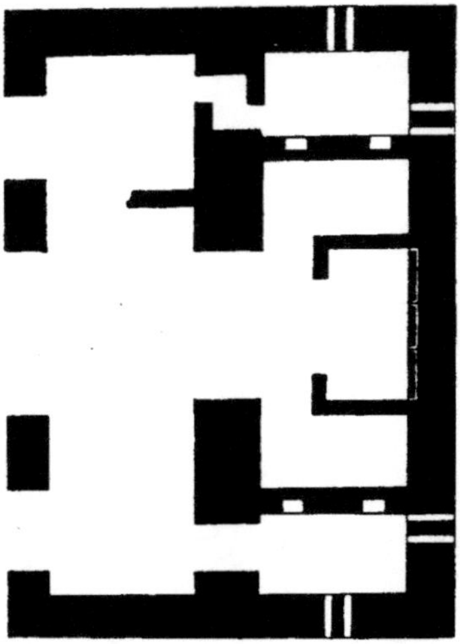

Abb. 2.
Palenque, Grundriß des Kreuztempels II.
(Nach Maudslay IV, Pl. 78.)

In dem südwestlichen Abschnitte der Terrasse, die die alte Tempelstadt trägt, schieben sich die südlichen Höhen etwas weiter vor. An ihrem vordern Rande erhebt sich auf pyramidaler Grundlage ein anderer steinerner Tempelbau, der aber der Bekrönungswand auf dem Dachfirste entbehrt, und den man den Tempel der Inschriften oder des Gesetzbuches (Templo de las inscripciones, ó de las leyes) nennt, langer Hieroglyphen-inschriften halber, die an der Hinterwand der Cella und des Vorraums angebracht sind. Oben in der Schlucht endlich, aus der der kleine Bach hervortritt, der über die Terrasse fließt, kennt man einen kleinen Tempel mit kellerartigen Räumen, der in seiner Cella ein schönes, jetzt fast ganz zerstörtes Relief enthielt, eine sitzende Figur auf einem Stuhle, der die Gestalt eines Pumas wiederzugeben scheint.

Mit Kammern versehene Gräber sind überall an den Hängen der südlichen Höhen zu finden und kommen auch auf den Seiten der Pyramiden, die die Tempel tragen, vor. Von den aus vergänglichem Materiale gebauten Wohnräumen, die sicher ehemals in großer Zahl in der Nähe der großen Steinbauten und weithin über Hänge und Terrassen verstreut vorhanden waren, ist jetzt natürlich keine Spur mehr zu erkennen.

[1] Vgl. über diesen Namen und diesen Gott Band I meiner »Gesammelten Abhandlungen zur amerikanischen Sprach- und Altertumskunde«. Berlin 1902. S. 377/78.

In der Mitte dieser ganzen Anlagen nun erhebt sich mächtig und hoch der gewaltige Komplex verschiedenartiger, aus sorgfältig zubehauenen Steinen aufgeführter Bauten, den man den »Palast« (El Palacio) genannt hat. Vermutlich hat eine natürliche Erhebung den Anlaß gegeben, die ersten Gebäude an dieser Stelle zu errichten, und durch Kunstbauten ist nachher dieser Erhebung die annähernd regelmäßige Gestalt gegeben worden, die jetzt der Unterbau dieser Anlage zeigt. In dem gegenwärtigen Zustande bildet die Gesamtmasse des Palastes von Palenque ein verschobenes Viereck von ungefähr 104 m Länge und 80 m Breite (vgl. Abb. 3). Sie ist ringsum von in Terrassen übereinander aufsteigenden Mauern umschlossen. Die Hauptseite ist die Nordseite. Hier war die unterste der übereinander aufsteigenden, nahezu senkrechten Mauern von 1.92 m hohen, 0.70—1 m breiten, regelmäßig zubehauenen Steinplatten und einem darüber vorkragenden 0.29 m hohen Gesimse gebildet. Reste dieser Grundmauer sind an dem östlichen und namentlich dem westlichen Ende der Nordseite noch in größerer Ausdehnung vorhanden (Taf. VII, 1). Die weiter oben folgenden Wandabsätze scheinen aus einem Mauerwerk von Quadersteinen aufgeführt zu sein, das mit Verzierungen figürlicher Art in Stuck bekleidet war. Maudslay fand zwischen den Resten der Stuckbekleidung mit einem Dreieckgewölbe der üblichen Form abschließende Nischen, die er, wohl richtig, als Grabgewölbe deutet; denn ähnliche Kammern, mit Skelettresten und Beigaben, sind in dem pyramidalen Unterbaue des Kreuztempels und überall an den die alte Stadt umgebenden Höhen vorhanden. In wieviel Terrassen das Mauerwerk der Nordseite des Palacio aufstieg, hat sich noch nicht feststellen lassen; denn der ganze Nordabhang ist mit den Trümmern der Gebäude, die ehemals auf dem Nordrande dieses großen Terraplens standen, überschüttet. Unter diesem Schutte müßte auch die Treppe verborgen sein, wenn eine solche an dieser Seite vorhanden war. Bisher hat man noch keine Spur von ihr gefunden. Und das ist eigentlich merkwürdig. Denn man sollte meinen, daß die Fundamente einer Treppe noch weit über den Schuttkegel hinaus, den die von oben abgestürzten Massen schufen, sich erstreckt haben müßten.

An der Ostseite des Massivs, das die Baulichkeiten des Palastes trägt, sind drei übereinander aufsteigende, durch schmale Stufenabsätze getrennte Mauern vorhanden. Sie sind aus Quadersteinen mehr oder minder regelmäßiger Form aufgeführt und scheinen nur eine glatte Stuckbekleidung gehabt zu haben. An der Südost- und der Südwestecke des Massivs (Taf. VII, 2) kann man über einer Grundmauer von 0.70 m eine zweite von 2.20 m Höhe unterscheiden, die mit einem schmalen, vorkragenden Gesimse abschließt. Darüber folgt eine Mauer von gegen 4 m Höhe, die ebenfalls mit einem Gesimse abschließt. Und darüber scheint noch eine vierte Mauer aufzusteigen, deren oberer Rand dem Fundamente entspricht, auf dem die Bauwerke des südlichen Endes der Palastanlage stehen. Eine Treppe ist an der Ostseite des großen Terraplens sicher nicht vorhanden, wie auch die Photographie des Gebäudes, das den Ostrand krönt, deutlich erkennen läßt (Taf. VIII, 1).

Ähnlich scheinen die Verhältnisse an der westlichen Langseite zu liegen. Doch sind hier die Aufmauerungen noch vollständig durch den Schutt verdeckt.

An der Südseite springt von dem terrassierten Abhange, der an dem Ost- und dem Westrande dieser Seite unter den Schuttmassen sichtbar wird, eine Terrasse von 12 m Breite 9 m weit vor. In geringer Höhe über diesem Risalit liegt der Fußboden von drei Hallen, die in den Berg hineingebaut sind, aber hier an der Südseite mit ihrer fast ganz zerstörten Außenwand und den westlich die Hallen abschließenden Giebelwänden zutage treten (Vgl. den Plan Abb. 3). Von der nördlichsten dieser drei Hallen führen enge, lichtlose Gänge von 11, 8 und 14 m Länge, die an bestimmten Stellen, namentlich da, wo Stufen eingeschaltet waren, winklig gebrochen sind, zu den Gebäuden auf der Höhe des Palastmassivs empor. Der winklige Bruch der Gänge kann meiner Auffassung nach nur Verteidigungszwecken gedient haben. Demnach nehme ich an, daß hier an der Südseite durch die halb oder ganz unterirdischen Räume dieser Massivseite der eigentliche Weg zu den Gebäuden auf der Höhe führte[1].

Ist diese meine Annahme richtig, so ist damit zugleich ein Anhalt gegeben, die Gebäude, die sich auf der oberen Fläche befinden, in ältere und solche jüngeren Ursprungs zu scheiden. Denn es ist klar, daß die Häuser, in denen die unterirdischen Gänge enden, die von der Südseite des Massivs heraufführen, zu dem älteren Bestande von Bauten ge-

---

[1] Ähnliche winklig gebrochene Gänge kennen wir aus den Palästen von *Mitla* im Staate Oaxaca. Sie führen dort von der Empfangshalle in den geschlossenen, rings von korridorartigen Gemächern umgebenen inneren Hof. Diese Gänge hatten dort aber wohl einen andern Zweck, den, neugierige Blicke fernzuhalten.

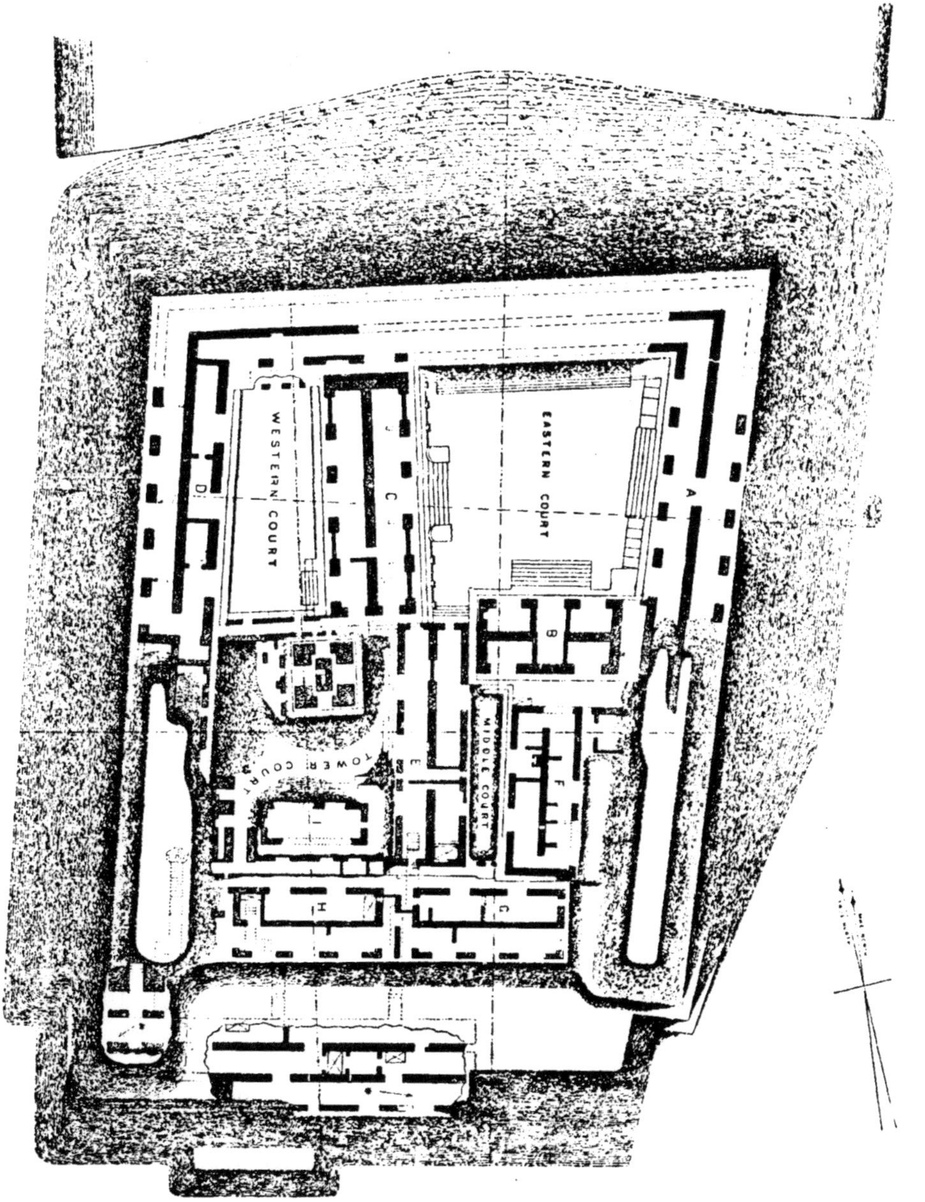

Abb. 3. Palenque, Palacio. Grundriß. (Nach Maudslay IV, Pl. 3.)

hören müssen. Und das wird sich bei einer genaueren Untersuchung der betreffenden Gebäude in der Tat zeigen.

Als wahrscheinlich beträchtlich jüngeren Alters kennzeichnen sich danach zunächst die großen und ansehnlichen Bauten, die die ganze Nordhälfte der oberen Fläche füllen. Es sind drei nordsüdlich orientierte Doppelgewölbe, von denen eins (von Maudslay als Haus *C* bezeichnet) in der Mitte der zur Verfügung stehenden Fläche, aber näher dem Westrande, seine Stelle hat, zwei andere, die Maudslay als Häuser *A* und *D* bezeichnet, dem Ost- und dem Westrande des Massivs aufgesetzt sind. Die letzteren standen an ihrem Nordende in offener Verbindung mit einem vierten, ostwestlich orientierten Doppelgewölbe, das den ganzen nördlichen Rand des Massivs einnahm, aber durch Nachgeben des Fundaments, wie es scheint, zusammenstürzte und jetzt mit seinen Trümmern den ganzen Nordabhang bedeckt. Vertiefte Höfe trennen diese vier Gebäude. Stufen, die bald die ganze Breitseite des Hofes, bald nur einen Teil von ihr einnehmen, führen von den Gebäuden zu diesen Höfen hinab.

Die genannten Gebäude weisen in ihrem Aufbaue und ihrer Verzierung eine Anzahl übereinstimmender Merkmale auf. Es sind korridorartige Hallen, die paarweise einer Mittelwand angebaut sind und oben in einem Gewölbe der bekannten mykenischen Form, das im Durchschnitte den Umriß eines einem langschenkligen Dreiecke genäherten Trapezes ergibt (vgl. Taf. IX, 1 und 2 und Taf. XI, 1), ihren Abschluß fanden. Die beiden Hallen eines Paares stehen durch eine die Mittelwand durchbrechende Türe miteinander in Verbindung, die bald in der Mitte der Halle liegt, bald dem einen Ende genähert ist. Bei dem Mittelgebäude wird diese Türe durch eine steinerne Deckplatte (Oberschwelle) geschlossen, bei den beiden randlichen durch ein kurzes Quergewölbe, das bei dem Westgebäude die bekannte steiltrapezoidale Form hat, bei dem Ostgebäude aber einen geschweiften, in der Mitte verengten Umriß aufweist, der an die Bogenform der maurischen Architektur erinnert (Taf. VIII, 2). Durch Quergewölbe ähnlicher Form sind bei den beiden Randgebäuden auch die Gewölbteile der beiden aneinandergebauten Hallen eines Gebäudes miteinander in Verbindung gebracht. Die Außenwände der Hallen werden von Pfeilern gebildet, die durch breite, türartige Öffnungen getrennt sind (Taf. VIII, 1 und 2). Als Oberschwellen sind bei dem Mittelgebäude wieder Steinplatten, bei den Randgebäuden Balkenlagen verwendet worden. Die letzteren sind herausgefault oder herausgerissen worden, was natürlich eine weitgehende Zerstörung der Außenwände dieser Gebäude zur Folge gehabt hat. Der Wandteil der Mittelwände ist in bestimmten Abständen von fensterartigen Löchern durchbrochen, die die Gestalt eines griechischen Tau — das ist zugleich die der Mayahieroglyphe *ik* »Wind« — haben; diese sind aber vielfach durch dünne Wände geschlossen, so daß sie nur noch als Nischen haben dienen können. In dem Gewölbteile der Hallen fallen von Wand zu Wand gehende Stangen auf (vgl. Taf. XI, 1), die früher in größerer Zahl vorhanden und in regelmäßiger Verteilung angebracht waren, wie die Löcher in den Gewölbwänden beweisen. Sie haben keine erkennbare konstruktive Bedeutung und sind vielleicht nur eine Nachahmung oder eine Beibehaltung des Stangenwerks, das den Dachstuhl der mit Palmblättern gedeckten Wohnhütten der alten indianischen Bevölkerung bildete.

Die Außenfront dieser Gebäude zeigt über den Pfeilern und den Oberschwellen der Türen der Außenwand ein weit vorkragendes Gesims, das aus zwei Gliedern besteht: einem in der Regel von drei Steinlagen gebildeten stärker und schräger vorkragenden unteren und einem nur von ein oder zwei Steinlagen gebildeten niedrigeren und schwächer vorkragenden oberen Gliede. Der freie Teil der Unterseite des ersteren ist in der ganzen Länge, aber in etwas unregelmäßiger Verteilung, mit zwei Reihen von Löchern zum Durchziehen von Schnüren versehen, die offenbar der Befestigung die Wand bekleidender Vorhänge dienten. Dazwischen sind bei dem einen dieser Gebäude, dem von Maudslay mit der Zahl *C* bezeichneten Mittelgebäude, in regelmäßigen Abständen Gruppen von je vier Hieroglyphen eingegraben (vgl. Taf. X).

Über diesem Gesimse folgt dann ein Fries, der nicht senkrecht aufsteigt, wie der Fries der yukatekischen Bauten, sondern in dachartiger Schräge, der Neigung der Gewölbseiten des Innenraumes parallel, der aber gleich dem der yukatekischen Bauten oben (in der Höhe des Gewölbschlusses) wieder mit einem Gesimse abschließt. Nur daß dieses hier in Palenque wieder schräg ist und in der Regel nur aus einer einzigen Steinschicht besteht (vgl. Taf. VIII, 1).

Über letzterem endlich wird die eigentliche Dachdecke durch ganz flach ansteigende Flächen gebildet, die gerade über der Mittelwand der Gebäude in einer Firstlinie zusammenstoßen. Die beiden Kreuztempel und der sogenannte Sonnentempel haben, wie ich oben erwähnte und wie Taf. II zeigt, dieser Firstlinie aufsitzend, eine kammartig hoch aufragende Bekrönungswand.

Der dachartig schräg ansteigende Fries dieser Gebäude scheint überall mit großen, in Stuck ausgeführten Masken verziert gewesen zu sein, von denen aber wenig mehr zu sehen ist. Die Außenseiten der Pfeiler der Außenwände sind mit Stuckverzierungen figürlicher Art und feinerer Ausführung bekleidet. Als Außenseiten gelten hier die östliche des dem Ostrande aufsitzenden und die westliche des dem Westrande aufsitzenden Gebäudes. Das Mittelgebäude hat gewissermaßen zwei Außenseiten. Wir finden bei ihm Verzierungen auf den Pfeilern der Außenwand sowohl der östlichen wie der westlichen Halle.

Auf den sechs Pfeilern der Ostseite (Außenseite) des Ostgebäudes (Haus *A*, Maudslay) sind die Stuckreliefe (vgl. Abb. 5—9) von einem viereckigen Rahmen umzogen, der in aneinanderstoßenden, länglich viereckigen, durch je drei Stäbchen getrennten Zellen astronomische Zeichen enthält. Man erkennt das Gesicht des Sonnengottes *Kinch ahau* (Abb. 4a) mit dem großen Auge und den winklig ausgefeilten Schneidezähnen[1]; die Hieroglyphe des Planeten Venus (Abb. 4c) und eine becken- oder halbmondförmige Figur (Abb. 4b). Ferner ein En-face-Gesicht, das einen etwas an *Tlaloc*, den mexikanischen Regengott, erinnert, das aber auch ein von vorn gesehenes Tiergesicht darstellen könnte (Abb. 4d und 4d'). Weiter einen phantastischen Schlangenrachen (Feuerschlangenrachen) mit winklig umgebogenem Schnauzenende (Abb. 4e) und die schwarzen Flecken einer Schlangenhaut (Abb. 4f). Sodann ein Gebilde wie eine Scheibe (Sonnenscheibe) oder ein Schild aus Federarbeit (Abb. 4g und 4g') und eine Variante des Mayatageszeichens *been*, das dem mexikanischen *acatl* »Rohr« entspricht (Abb. 4h und 4h'). Dieses vermischt sich (vgl. Abb. 4h'') mit einem andern Zeichen, das zu den Seiten eines diagonalen Streifens in entgegengesetzter Richtung je eine Einrollung zeigt (Abb. 4i). Ferner diagonal gestellte Federn oder Flammen (Abb. 4k, 4k'), eine in eine Tülle gefaßte Haarsträhne (Abb. 4l) und endlich ein liegendes diagonales Kreuz, das als Ausfüllung zu dienen scheint (Abb. 4m und 4m').

---

[1] Vgl. meine »Gesammelten Abhandlungen« Band III (1908) S. 612—624 und Band I (1902) S. 728/29.

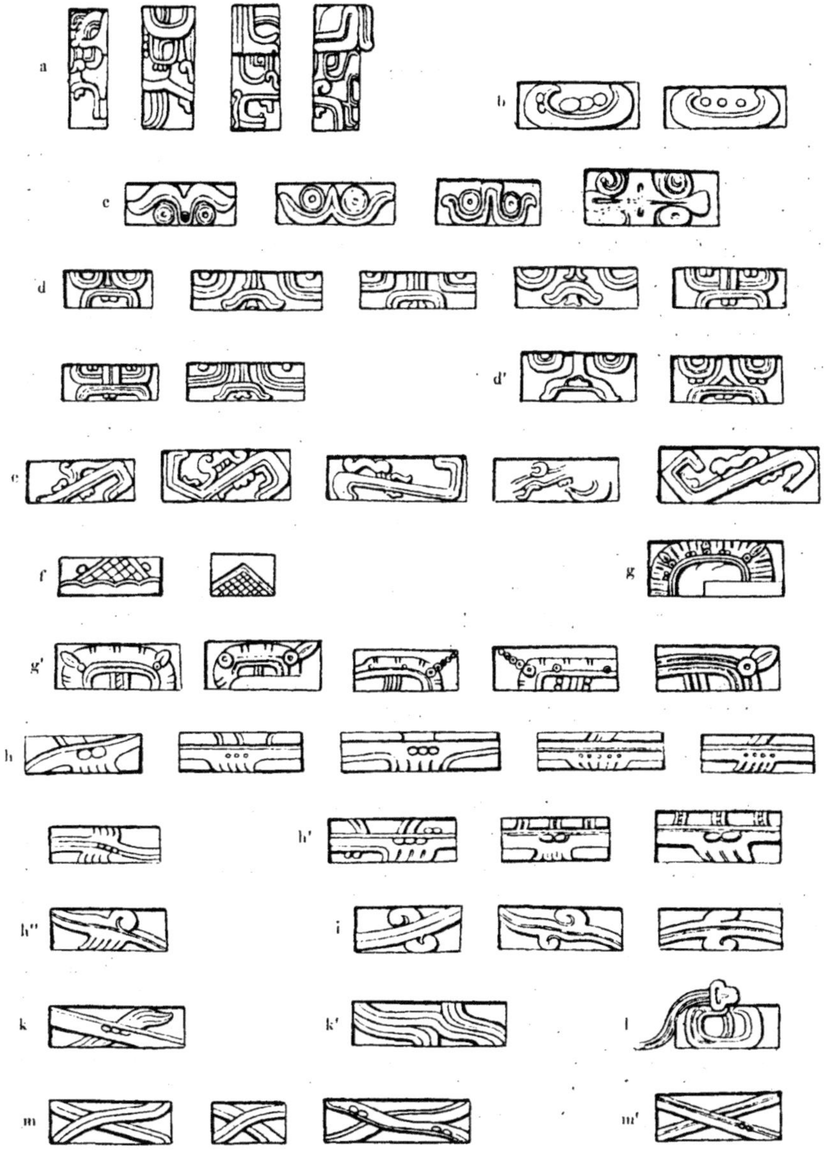

Abb. 4. Astronomische Zeichen aus den Himmelsschildrahmen der Stuckreliefe des Ostgebäudes des Palastes (Haus *A*, Maudslay) und des Inschriftentempels von Palenque.

a. Ostgebäude, Pfeiler *a*, *b*, *d*, *e*.
b. Ostgebäude, Pfeiler *d*, *e*.
c. Ostgebäude, Pfeiler *a*, *e*; Inschriftentempel, Pfeiler *e*, *b*.
d. Ostgebäude, Pfeiler *b*, *e*, *b*, *e*, *e*, *e*, *e*.
d'. Inschriftentempel, Pfeiler *e*, *e*.
e. Ostgebäude, Pfeiler *a*, *d*, *e*, *c*; Inschriftentempel, Pfeiler *b*.
f. Ostgebäude, Pfeiler *e*; Inschriftentempel, Pfeiler *c*.
g. Inschriftentempel, Pfeiler *c*.
g'. Ostgebäude, Pfeiler *b*, *c*, *c*, *c*, *d*.
h. Ostgebäude, Pfeiler *c*, *d*, *b*, *e*, *e*, *a*.
h'. Inschriftentempel, Pfeiler *b*, *c*, *c*.
h''. Inschriftentempel, Pfeiler *e*.
i. Ostgebäude, Pfeiler *a*, *c*, *b*.
k. Inschriftentempel, Pfeiler *c*.
k'. Ostgebäude, Pfeiler *b*.
l. Inschriftentempel, Pfeiler *c*.
m. Ostgebäude, Pfeiler *a*, *b*, *e*.
m'. Inschriftentempel, Pfeiler *c*.

Auf den Endpfeilern (*a* und *f*) der Ostfront des Ostgebäudes umschließt der mit diesen astronomischen Zeichen erfüllte Rahmen je eine Hieroglyphenplatte, die zwei senkrechte Reihen von je acht Hieroglyphenpaaren enthält (Abb. 5). Auf den vier mittleren Pfeilern (Abb. 6—9) sieht man innerhalb des Rahmens eine reichgekleidete Gestalt in aufrechter Haltung, die von zwei à la turca mit untergeschlagenen Beinen auf dem Boden sitzenden Gestalten begleitet ist. Diese letzteren haben wir uns wohl als Adoranten oder als Diener, Untergebene, zu denken. Denn die eine von ihnen wenigstens (Abb. 9) zeigt die eigentümliche Haltung, mit zur linken Schulter zurückgebogenem rechten Arme, die uns in historischen Texten als Unterwürfigkeits- und Ergebenheitszeichen beschrieben wird[1].

Die Hauptgestalt ist auf jedem der vier Pfeiler dem in der Mitte des Gebäudes gelegenen Eingange zugekehrt. Die Gestalten sind mit der Schambinde der Männer, deren Enden vorn herabhängen, und einem um die Hüften geschlagenen Jaguarfell bekleidet. Das Fell ist augenscheinlich durch einen Gürtel um den Leib befestigt und diesem sitzt hinten am Kreuze eine Maske auf, die nach dem Orte und der Art ihrer Befestigung dem *tezcacuitlapilli* oder »Spiegelschwanze« der mexikanischen Göttertrachten zu vergleichen ist. Die Schultern dieser Figuren bedeckt ein breiter Kragen, der ein *cozcapetlatl* ist, wie das die Mexikaner nannten, ein mattenartiges Geflecht aus aufgereihten geschliffenen Steinen, über dem dann noch eine Perlkette (mexik. *chalchiuhcozcatl*) mit einer aus Edelstein oder Gold gefertigten scheibenförmigen Schmuckplatte (mexik. *teocuitlacomalli*) herabhängt. Von den Haaren ist vorn eine Strähne in einen Ring gefaßt und hängt als Locke über die Stirn herab. Aus den Enden des lang über den Rücken fallenden Haares ist durch Umwicklung mit Band eine Art Haarbeutel oder Zopf hergestellt worden. Eigentümlich und reich ist der Kopfputz. Er besteht zunächst aus einer Kette viereckiger Plättchen, die das Haar über der Stirn zusammenhält. Darüber folgt eine hohe, augenscheinlich aus Türkismosaik gefertigt zu denkende Kappe, die gewissermaßen die längliche Gestalt des künstlich verdrückten Schädels fortsetzt, und der ein Paar mit den Hinterseiten aneinandergefügter Drachenköpfe,

---

[1] Vgl. meinen Aufsatz über »Das Gefäß von *Chamá*« in meinen »Gesammelten Abhandlungen zur amerikanischen Sprach- und Altertumskunde«. Band II. Berlin (Behrend & Co.) 1908. S. 661.

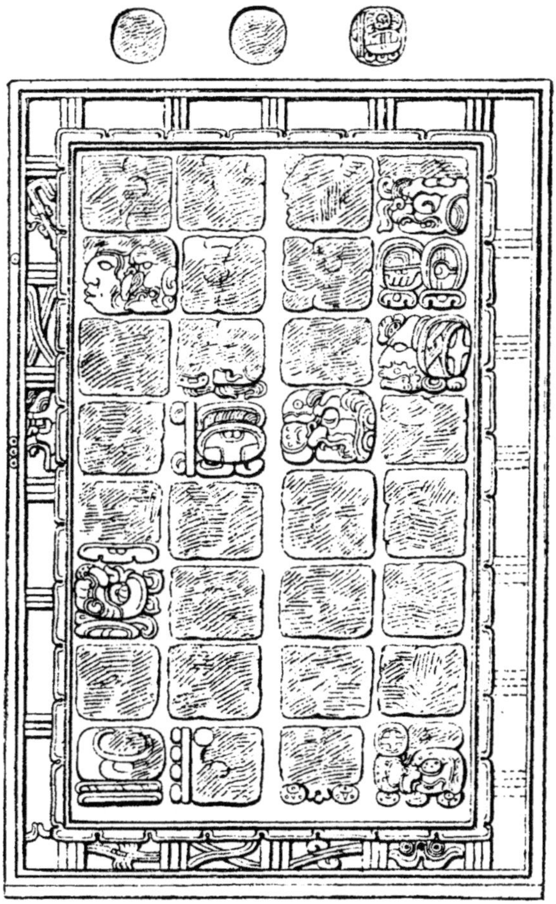

Abb. 5. Palenque, Palacio. Ostgebäude (Haus *A*, Maudslay). Ostfront. Stuckrelief am Pfeiler *a* (dem ersten von Süden aus gezählt). (Nach Maudslay IV, Pl. 9, a.)

Abbilder *Ah bolon tz'acab*'s, des Gottes des Wassers und der Fruchtbarkeit, und ein Quetzalfederbusch aufgesetzt sind. Außerdem aber schiebt sich von den Seiten der Kappe ein winklig gebogener, mit astronomischen

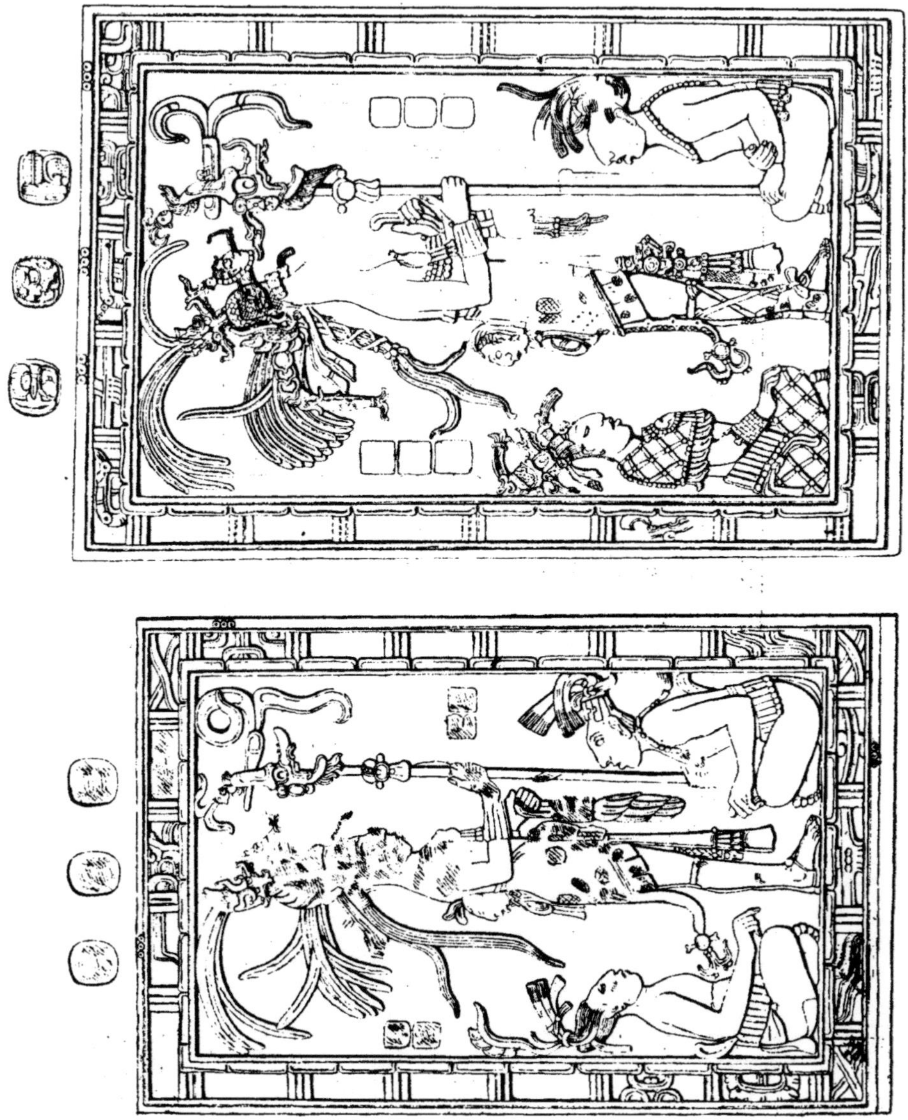

Abb. 6 u. 7. Palenque, Palacio. Ostgebäude (Haus A. Maudslay). Ostfront. Stuckreliefe an der Außenseite der Pfeiler *b* und *c* (des zweiten und dritten, von Süden aus gezählt). (Maudslay IV. Pl. 11 und 10.)

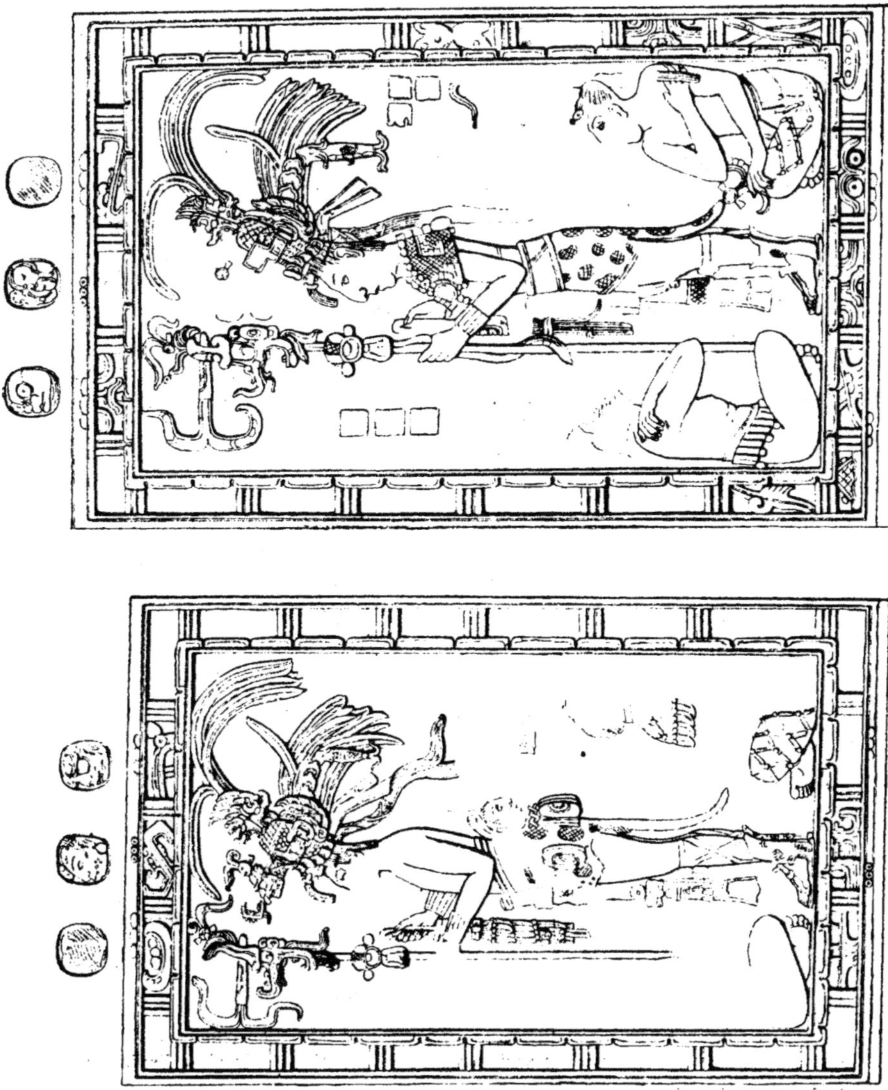

Abb. 8 u. 9. Palenque, Palacio. Ostgebäude (Haus A. Maudslay). Ostfront. Stuckreliefe auf der Außenseite der Pfeiler *d* und *e* (des vierten und fünften, von Süden aus gezählt). (Nach Maudslay IV. Pl. 11.)

Zeichen erfüllter Himmelsschild- oder — richtiger — Himmelsgewölbstreifen vor, der vorn in einer Sonnengottmaske endigt, die aber — abweichend von andern Vorkommnissen — einen Schlangenrachen mit eingebogenem Schnauzenende (einen Feuerschlangenrachen) als Nasenschmuck trägt. Dieser Himmelsgewölbstreifen und die Sonnengottmaske sind aber hier verbunden mit dem Flügel eines Quetzalvogels, der hinten an der Seite des Kopfes der Figur zu sehen ist, und mit einem aus Quetzalfedern bestehenden Busche, der eine Kette Klapperschlangenklappern mit einer Fischfigur am Ende umschließt. Diese Schlangenklappern bin ich geneigt, geradezu als das Schwanzende des Himmelsgewölbstreifens an der Stirnseite des Kopfputzes aufzufassen. Denn wir werden später sehen, daß ein solcher Himmelsgewölbstreifen einem gewölbten Schlangenleibe homolog verwendet wird. Unter diesen Schwanzanhängen fallen die Enden des Haarschopfes der Figur, die durch Umwicklung mit Band zu einer Strähne oder einem Zopfe zusammengenommen sind, frei über den Rücken herab.

Die Schenkel unterhalb des Knies sind mit Riemen umwickelt. Die Füße stecken in Sandalen mit hoher Hackenkappe aus Jaguarfell.

In der einen Hand hält die Figur einen Stab, in der andern einen mit Federn besetzten Beutel, wohl eine Räucherwerktasche. Der Stab trägt an seiner Spitze den weit geöffneten Rachen eines *Ah bolon tz'acab*, des Gottes mit der aufgebogenen Nase, des Gottes des Wassers und der Fruchtbarkeit. Mitten in die Stirn dieser Maske ist anscheinend eine Axtklinge eingesetzt, von deren Ende aber ein paar rauchwolken- oder flammenartige Gebilde ausgehn.

Die Figur ist jedenfalls im Gegensatze zu den Gestalten zu verstehen, die in den Stuckreliefen der Pfeiler der Außenseite (Westseite) des Westgebäudes abgebildet sind. Für die Bestimmung scheint mir der winklig gebogene Himmelsschildstreifen wichtig zu sein, der von dem Kopfputze der Figur nach vorn vorspringt. Denn genau in der gleichen charakteristischen Weise sehen wir in den Reliefen und Wandmalereien von *Chich'en Itzá* in Yucatan von dem Stirnteile des Kopfputzes einer Gottheit einen geradlinig begrenzten Streifen mit einem Kopfe oder einer Maske an seiner Spitze nach vorn vorspringen[1]. Dieser Gott ist aber dort durch die Sonnenscheibe, in der er sitzt, als Sonnengott gekennzeichnet.

---

[1] Vgl. meinen Aufsatz »Die Ruinen von *Chich'en Itzá* in Yucatan« in Band V meiner »Gesammelten Abhandlungen zur amerikanischen Sprach- und Altertumskunde«. Berlin 1915. S. 283. 309. 332. 342. 352.

Ich habe noch darauf aufmerksam zu machen, daß über jedem der Stuckreliefe der sechs Türpfeiler der Ostseite des Ostgebäudes drei Einzelhieroglyphen medaillonartig angebracht sind. Leider sind diese nur zum Teil noch kenntlich. Über dem Rahmen des Pfeilers *a* (Abb. 5) scheinen Zahlausdrücke oder chronologische Zeichen gestanden zu haben. Man erkennt noch rechts *buluc katun*, d. i. 11 × 20 . 360 Tage.

Die Hieroglyphen über dem Rahmen des Pfeilers *b* (Abb. 6) sind zerstört.

Über dem Rahmen des Stuckreliefs des Pfeilers *c* (Abb. 7) sind alle drei noch gut erhalten. Die Hieroglyphe in der Mitte zeigt das Gesicht des Sonnengottes in der gewöhnlichen Wiedergabe, wie es auch als Hieroglyphe für *kin* »Sonne« oder »Tag« verwendet wird. Aber dies

Abb. 10. Hieroglyphe des Sterngottes des Nordens (Dresdener Maya-Handschrift).

Abb. 11. Begleithieroglyphe des Todesgottes (Dresdener Maya-Handschrift).

Gesicht ist hier mit einem Elemente verbunden, das in der Hieroglyphe des Sterngottes des Nordens (Abb. 10) und in der ersten der Begleithieroglyphen des Todesgottes vorkommt (Abb. 11).

Auf dem Pfeiler *d* (Abb. 8) ist die mittlere und die rechte Hieroglyphe erhalten. Die erstere hat das allgemeine Ansehn der Hieroglyphe des Maisgottes[1], unterscheidet sich von ihr aber durch eine Art Schlangenhautfleck auf dem Scheitel; die letztere ist wieder die bekannte Hieroglyphe des Sonnengottes *kin* oder *Kinch ahau*.

Auf dem Pfeiler *e* endlich (Abb. 9) ist die mittlere Hieroglyphe die des Sterngottes des Nordens, so wie diese auf den Monumenten gezeichnet ist (vgl. unten S. 34, Abb. 26). — Die rechte Hieroglyphe ist zerstört, die linke undeutlich.

Ich möchte die Vermutung wagen, daß die Hieroglyphengruppen auf den vier mittleren Pfeilern die vier Himmelsrichtungen haben bezeichnen sollen, und zwar die auf dem Pfeiler *e* den Norden, die auf dem Pfeiler *d* den Westen, die auf dem Pfeiler *c* den Osten und die auf dem Pfeiler *b* den Süden. Der Pfeiler *e* ist ja in der Tat der nördlichste, der Pfeiler *b*

[1] Vgl. Band I meiner »Gesammelten Abhandlungen«. Berlin 1902. S. 370. 755. 766. 819. 826.

der südlichste dieser vier mittleren Pfeiler. Und, was die Hieroglyphen betrifft, so enthält der Pfeiler *e* in seiner Mittelhieroglyphe die bildliche Kennzeichnung einer Gottheit, die tatsächlich dem Norden angehört. Der Maisgott, dessen Hieroglyphe wir vielleicht auf dem Pfeiler *d* erkennen dürfen, gehört dem Westen an. Es ist bekannt, daß diese Himmelsrichtung von den Mexikanern als das »Maishaus« (*Cincalco*) und als das »Land der Geburt« (*Tamoanchan*) bezeichnet wurde. Die Verbindung des Sonnengottes aber, die in der Mittelhieroglyphe des Pfeilers *c* vorliegt, mit dem Elemente, das man in den Abbildungen 10 und 11 sieht, und das eine Art Todessymbol ist, kann ganz gut als Kennzeichnung des Ostens gedacht werden. Denn in den Sterngöttern erkannte man ja die Seelen der toten Krieger, die des Morgens, wenn die Sonne aufgeht, sie begrüßen und sie mit Gesang und Tänzen bis zum Zenite geleiten.

In den Stuckreliefen der Außenseite (Westseite) der Pfeiler der Westhalle des Westgebäudes (Haus *D*, Maudslay) haben wir offenbar eine der eben beschriebenen parallele Darstellung vor uns. Es sind aber hier nicht vier, sondern fünf mittlere Pfeiler zwischen den beiden End- oder Wandpfeilern vorhanden, und dementsprechend sechs, anstatt fünf, Türöffnungen. Von den Wandpfeilern fehlt der im Norden. Er stand vermutlich in unmittelbarer Verbindung mit der Westwand des jetzt fast ganz abgestürzten Nordgebäudes. An dem südlichen Wandpfeiler ist noch zu sehen, daß er gleich den Endpfeilern der Ostseite des Ostgebäudes innerhalb eines viereckigen Rahmens eine Hieroglyphentafel trug. Bei den mittleren Pfeilern, die, gleich den mittleren Pfeilern der Ostseite des Ostgebäudes, von einem viereckigen Rahmen umgebene Figurengruppen zeigen, bedingt die Unpaarigkeit auch eine Asymmetrie in der Haltung der Figurengruppen, indem die Gruppe des Pfeilers *b* nach links, die der Pfeiler *c* und *d* nach rechts und die der Pfeiler *e* und *f* wieder nach links gewendet ist. Das, was der Haupteingang sein sollte, die Türöffnung zwischen den Pfeilern *d* und *e*, deren Figurengruppen einander zugekehrt sind, ist also exzentrisch gelegen. Allerdings muß man in Betracht ziehen, daß dieses Westgebäude zweifellos nicht als Eintrittshalle gedacht war und daher auch keine in der Mitte gelegene Verbindung zwischen der West- und Osthalle dieses Gebäudes bestand.

Wenn also, abgesehen von dieser Asymmetrie, die Anordnung der Stuckreliefe der Westseite des Westgebäudes der der Ostseite des Ostgebäudes entspricht — denn auf den Pfeilern der Westseite des Westgebäudes (vgl. Abb. 17—20) fehlen auch die Gruppen von je drei Einzelhieroglyphen über den die Figuren umgebenden Rahmen nicht —, so ist doch, naturgemäß, in dem Inhalte der Darstellungen eine große Verschiedenheit zu erkennen.

Schon der viereckige Rahmen, der die Figurengruppen, bzw. die Hieroglyphentafel, umgibt, ist hier kein mit astronomischen Zeichen erfülltes Band, kein Himmelsschild- oder Himmelsgewölbstreifen; er ist vielmehr

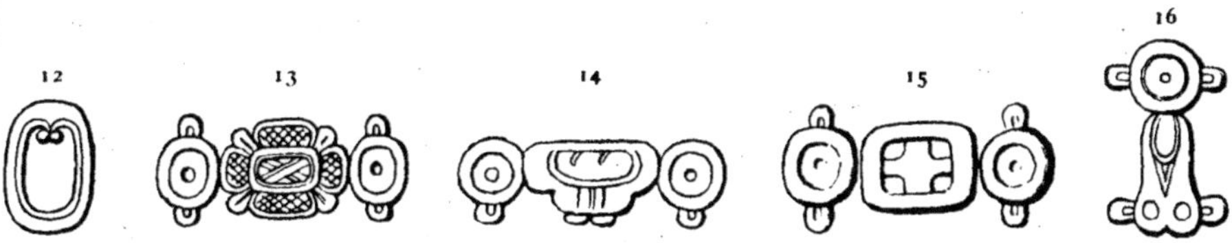

Abb. 12—16. Elemente, die die Rahmen der Stuckreliefe der Pfeiler *b, c, d, e, f* der Westfront des Westgebäudes des Palastes von Palenque bilden.

augenscheinlich rein ornamentaler Natur, Ketten von Schmuckstücken veranschaulichend. Das ist zweifellos und klar bei den Elementen, die den Rahmen auf dem Pfeiler *f* bilden (siehe Abb. 20 und Abb. 16). Daß das Hängeschmucke sind, wahrscheinlich Schellen, die nach Art der Hieroglyphe *ahau* mit den einfachsten Elementen eines menschlichen Gesichts versehen sind und mit dem Stirnteile nach unten hängen, ergibt sich schon aus der Stellung, in der diese Elemente auf den senkrechten Teilen des Rahmens abgebildet sind. Auf demselben Blatte Abb. 20 aber, und zwar bei der Hauptfigur dieses Blattes, sehen wir diese Elemente auch geradezu eine lange, vom Halse herabhängende Kette bilden, an der ein breiter Brustschmuck befestigt ist. Und überall wo — auf den Monumenten dieser und anderer Ruinenstätten — irgendeinem vorspringenden Tracht- oder Schmuckteile oder irgendeinem Ornamente ein Anhängsel angefügt wird, da hat dieses mit Vorliebe die Gestalt der Abbildung 16. Ich verweise z. B. auf das Gebilde, offenbar eine Schelle, das an der Ohrplatte des phantastischen Kopfes in der linken unteren Ecke des Reliefs Abb. 20 herabhängt. Andere Beispiele genug wird man auf den Altarplatten finden, die ich Taf. IV—VI wiedergegeben habe. Von besonderem Interesse aber ist, daß dieser Hängeschmuck die einfachsten Elemente eines nach unten hängenden menschlichen Gesichts zeigt. Denn das beweist mir, daß das Ur- und Vorbild dieses Schmuckes ein abgeschnittener feindlicher Kopf war, wie wir solche, naturalistisch wiedergegeben, auf Skulpturen von *Chich'en Itzá*[1] und auf solchen von *Chaculá* in Guatemala finden[2].

Nicht minder deutlich ist es für das Element Abb. 14, das den Rahmen des Stuckreliefs auf dem Pfeiler *d* bildet (vgl. Abb. 19), daß wir es bei ihm mit einem Schmuckstücke zu tun haben. Denn auf der Altarplatte des Kreuztempels Nr. I, die ich in Tafel II wiedergegeben habe, bildet dieses Element eine Kette, die über den oberen Schenkel des sogenannten Kreuzes und an ihm herabhängt, und an dessen beiden Enden je ein phantastischer Drachenkopf oder *Ah-bolon-tz'acab*-Rachen befestigt ist.

Auf dem Pfeiler *b* (vgl. Abb. 17) hat sich von den Elementen der Umrahmung nur ein einziges erhalten, das ich in Abb. 12 wiedergegeben habe. Dieses scheint mir ein Schmuckstück vorzustellen, das ich als einen aus einem Schneckengehäuse geschliffenen Ring erklären möchte, und das einen regelmäßigen Bestandteil einer Dreiheit von Elementen bildet, auf die ich gleich noch zu sprechen kommen werde.

Das fast ganz zerstörte Relief auf dem Pfeiler *e* war von einem Rahmen eingefaßt, in dem das Element Abb. 15 Ketten bildete. Es ist sehr wahrscheinlich, daß wir dieses Element, das auch *kan* »gelb« bedeutet und stellvertretend für *kin* »Sonne« vorkommt, als »Gold« oder »glänzenden Gegenstand« zu deuten haben.

Am merkwürdigsten ist das Element Abb. 13, das den Rahmen des Stuckreliefs auf dem Pfeiler *c* (vgl. Abb. 18) bildet. Denn dieses stimmt in Form und Zeichnung nahezu genau mit einem Elemente überein, das auf den Monumenten als Hieroglyphe der Null vorkommt[3]. Es stellt, wie es scheint, die Andeutung eines Bildes vor, in dem Mexikaner und Mayastämme die um den *tlalxicco*, den »Nabel der Erde«, sich breitenden vier Weltabschnitte und die in ihnen mächtigen Götter und Tageszeichen veranschaulichten[4]. Aber diese vier Abschnitte sind mit gekreuzter Striche-

---

[1] Vgl. meine »Gesammelten Abhandlungen« Band V (1915), S. 384, Abb. 265.

[2] Vgl. Seler »Die alten Ansiedlungen von *Chaculá*, im Distrikte Nenton, des Departements Huehuetenango der Republik Guatemala«. Berlin (Dietrich Reimer) 1901. S. 75. 110. 125. 150.

[3] Vgl. meine »Gesammelten Abhandlungen« Band I (Berlin 1902), S. 814, Abb. 77—85.

[4] Vgl. Codex Fejérváry-Mayer Blatt 1 und Codex Cortes 41, 42.

Abb. 17. Palenque, Palacio. Westgebäude (Haus *D*, Maudslay). Westfront. Stuckrelief auf der Außenseite des Pfeilers *b* (des zweiten, von Norden aus gezählt). (Maudslay IV, Pl. 34.)

lung erfüllt, also schwarz, d. h. wohl dunkel und leer, zu denken. Und aus diesem Grunde schien es mir, daß die alten Mayagelehrten es als Zeichen für Null gewählt haben. In welcher Weise dieses Element unter den Begriff eines Schmuckstücks zu bringen ist, ist mir vorläufig noch

Abb. 18 u. 19. Palenque, Palacio. Westgebäude (Haus *D*, Maudslay). Westfront. Stuckreliefe auf der Außenseite der Pfeiler *c* und *d* (dem dritten und vierten, von Norden aus gezählt). (Maudslay IV, Pl. 35 und 36.)

Abb. 20. Palenque, Palacio. Westgebäude (Haus *D*, Maudslay). Westfront. Stuckrelief an der Außenseite des Pfeilers *f* (dem sechsten, von Norden aus gezählt). (Maudslay IV, Pl. 37.)

nicht deutlich. Es mag sein, daß die gekreuzte Strichelung hier Mosaik bedeutet. Seinem Umrisse nach könnte dieses Element auch eine geöffnete Blüte wiederzugeben bestimmt sein. Es kommt als Verzierung an oder auf Flammenstreifen vor (vgl. unten S. 31, Abb. 23).

Die Figurengruppen, die von diesen Rahmen umschlossen werden, bestehen hier nur aus zwei Personen, sind aber unter sich durchaus nicht so gleichartig wie die Gruppen der Stuckreliefe der Pfeiler der Ostseite des Ostgebäudes. Die eine Figur kennzeichnet sich wieder, durch ihre Größe und durch ihr aktives Verhalten, als Hauptfigur. Sie ist überall in stehender Haltung, ihr Gegenüber bald stehend, bald auf einem besonderen Symbole sitzend, bald kniend dargestellt. Gemeinsam aber ist den vier Reliefen, von denen noch größere Teile erhalten sind, daß die Figuren sich über einem besonderen Fußgestelle gruppieren.

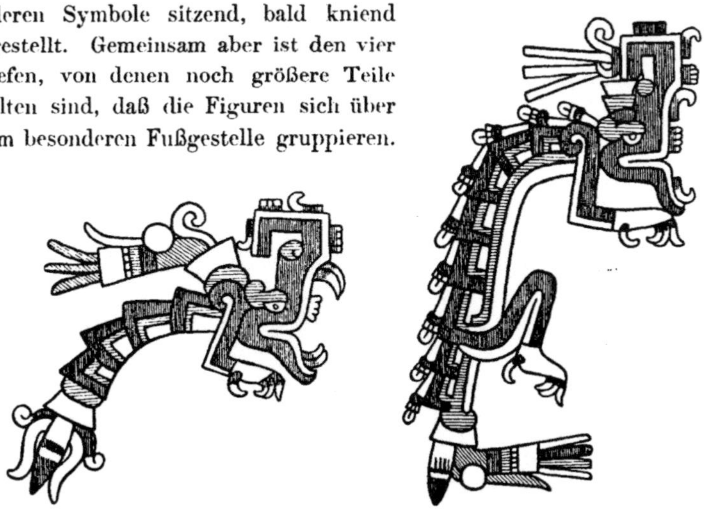

Abb. 21 u. 22. Feuerschlange (mexik. *xiuhcouatl*). Codex Zouche (Codex Nuttall) S. 76, 79.

Auf dem Pfeiler *b*, dem unpaaren, überzähligen Pfeiler (Abb. 17), wird das Fußgestell von dem Kopfe und dem Leibe eines Drachen gebildet, der durch das aufgebogene Schnauzenende und den aus viereckigen oder trapezoidalen Absätzen bestehenden Leib einem mythischen Tiere der Mexikaner sich vergleicht — von dem ich in Abb. 21, 22 ein paar Bilder gegeben habe —, das die Waffe und die Verkleidung des Feuergottes und verwandter Gestalten bildet und von den Mexikanern mit dem Namen *xiuhcouatl* »Türkisschlange« bezeichnet wurde[1].

Der Kopf ist im übrigen dem *Ah bolon tz'acab*'s, des Gottes des Wassers und der Fruchtbarkeit, gleich, von tierischem Ansehen, mit nach oben

[1] Vgl. über dieses mythische Wesen Band II meiner »Gesammelten Abhandlungen« S. 800—801; 897—900 und 935—939.

gebogenem Rüssel, auf dessen First eine Art Nasloch zu sehen ist. Nur ist der Kopf hier als Schädel mit fleischlosem Knochenunterkiefer gezeichnet, und er trägt auf der Stirne das Zeichen *ik* »Wind«, dem sprachlich und hieroglyphisch auch die Bedeutung *kak* »Feuer« zuzukommen scheint[1].

Die Hauptfigur dieses Reliefs (Abb. 17) scheint mit der Persönlichkeit, die auf den Pfeilern der Ostseite des Ostgebäudes abgebildet ist, identisch zu sein. Die Figur hat wenigstens, gleich der des Ostgebäudes, ein Jaguarfell um die Hüften geschlagen, und der Kopfputz scheint, obwohl er wesentlich einfacher ist, doch in dem Merkmal eines über die Stirn vorspringenden und in einer Maske endenden schrägen Streifens mit dem der Hauptfigur des Reliefs des Ostgebäudes übereinzustimmen. Aber die Figur hält nicht den langen Stab mit der eingesetzten (brennenden?) Axtklinge, sondern, wie es scheint, eine wirkliche Axt, mit kurzem handgerechten Stiele, bei der nur die Schneide eine merkwürdige dreigelappte, an die Zeichnung einer Blumenkrone erinnernde Gestalt hat. Diese Axt ist, wie es scheint, gegen die der Hauptfigur gegenübersitzende Figur erhoben, während die andere Hand eine Art Zeugstreifen — was vielleicht aber auch eine Tasche sein könnte — hält.

Auf dem Stuckreliefe des Pfeilers *c* (Abb. 18) hat das Fußgestell die Form, die auf der Altarplatte des sogenannten Sonnentempels (Taf. IV) das von zwei sitzenden Figuren gehaltene Gestell zeigt, über dem die aus einem Rundschilde und zwei Hellebarden bestehende Trophäe sich erhebt, in der die Altertumsforscher ein Sonnenbild erkennen zu müssen vermeinten. Es ist dies Gestell, wie aus der Zeichnung der genannten Altarplatte klar hervorgeht, ein auf dem Boden liegendes Kreuz, mit gleich langen, in einen phantastischen Schlangenrachen endigenden Schenkeln. Diese Schlangenrachen sind an den beiden seitlichen Schenkeln streng im Profil, bei dem mittleren Schenkel, der gewissermaßen aus dem Bilde herausragen sollte, streng en face gezeichnet, und man versteht auf diese Weise, daß, außer dem En-face-Gesicht am Ende, von diesem mittleren Schenkel in der Zeichnung nichts zur Ansicht kommt.

Genau das gleiche sehen wir nun auch in der Zeichnung, die in dem Stuckreliefe Abb. 18 das Fußgestell für die Figurengruppe bildet. Nur ist der en face gezeichnete Schlangenkopf des mittleren Kreuzschenkels

[1] Vgl. Band I meiner »Gesammelten Abhandlungen« S. 538.

zum größten Teile zerstört, aber noch kenntlich. Er hatte, wie die im Profil gezeichneten Drachenköpfe der seitlichen Kreuzschenkel, dieselbe Gestalt wie der des zuvor besprochenen Bildes Abb. 17, d. h. ein *Ahbolon-tz'acab*-Kopf mit aufgebogenem Rüssel, der aber als Schädel mit fleischlosem Unterkiefer gezeichnet ist. Aber das Zeichen *ik* fehlt auf der Stirn, auf der als Determinativ eine schädelartige Zeichnung angebracht ist, und es sind diese Köpfe fast verdeckt durch ein Rankenwerk, das aus zweien über der Stirn der Drachenköpfe sich erhebenden Gebilden sich herauswindet und mit den schildförmigen Blättern und mit Blüten von Seerosen besetzt ist.

Dieses kreuzförmige, in Schlangenköpfe endigende Gestell führt uns das vor Augen, was in mexikanischen Texten als »Schlangensitzgestell« (*couatlapechtli*) beschrieben wird, das den Stuhl oder die Tragbahre *Quetzalcouatl*'s bildete, auf der er auch, als er in *Tlapallan* angelangt war, über das Meer nach Osten fuhr und seinen Gläubigen entschwand[1].

Was die Figurengruppe innerhalb des Rahmens betrifft, so scheint die Hauptfigur, hier wie auf den Reliefen der Pfeiler *d* und *f*, nunmehr eine andere zu sein. Die Tracht ist eine andere: statt des Jaguarfells ist ein kurzes Röckchen aus netzartig geknüpftem Stoffe um die Hüften geschlagen. Ein fester Gürtel oder eine breite Umwicklung mit einem Zeugstreifen schnürt darüber die Weichen ein. Die hintere, dem *tezcacuitlapilli* der mexikanischen (männlichen) Göttertrachten zu vergleichende Maske fehlt. Dafür sitzt hier am Gürtel vorn eine Maske auf, von der ein breiter reichverzierter Riemen herabfällt. Die Ähnlichkeit mit den großen Figuren der skulpierten Stelen von *Copan* und *Quiriguá* springt in die Augen, und die Vermutung drängt sich einem auf, daß wir es hier auch, wie bei jenen Stelenfiguren, mit weiblichen Gestalten zu tun haben. Was die Haartracht betrifft, so ist die in einen Ring gefaßte, über die Stirn herabhängende Haarsträhne auch hier vorhanden. Aber der mit Bändern umwickelte Nackenzopf, der sowohl bei den Hauptfiguren des Ostgebäudes,

---

[1] Auf dem *couatlapechtli* wurde am Feste *Toxcatl* in Mexiko auch das aus Teig geformte Idol *Uitzilopochtli*'s aufgebaut. Das *couatlapechtli* wird dort folgendermaßen beschrieben: — *ynin coatlapechtli quavitl yn tlaxixintli yuhquin cocva navintin yn motzinnamictoque nauhcampa caca yn intzontecon* — »Dieser Schlangensitz ist aus Holz geschnitzt, in der Gestalt von vier Schlangen, die mit den Schwanzenden zusammenstoßen, während ihre Köpfe nach den vier Seiten gerichtet sind.« Sahagun lib. 2 cap. 24.

wie der zuvor besprochenen des Pfeilers *b* (Abb. 17) deutlich erkennbar ist, scheint hier zu fehlen. Der Scheitel der Figur ist von einem *Ah-bolon-tz'acab*-Rachen überragt, auf dessen Scheitel ein zweiter kleinerer *Ah-bolon-tz'acab-* oder Wassergottkopf aufsitzt.

Auch die Handlung, in der die Hauptfigur dargestellt ist, ist eine andere und besondere. Die Figur hält hier einen Drachen- oder *Ah-bolon-tz'acab*-Kopf mit fleischlosem Unterkiefer, ähnlich dem, den ich oben von der Basis des Reliefs des Pfeilers *b* (Abb. 17) beschrieben habe, im Arm, über dem aber noch zwei mächtige, die Gestalt phantastischer Schlangenrachen annehmende Flammenwirbel sich erheben. Einen anderen Kopf, der vielleicht auch ein Schlangenkopf war, aber den Kiefer mit kleinen spitzen Zähnen besetzt hat, scheint die Figur in der anderen Hand zu halten und damit die vor ihr kniende Person zu begnaden. Der Drachen oder *Ah-bolon-tz'acab*-Kopf, den die Figur im Arme hält, hat nicht das Zeichen *ik* auf der Stirn, sondern die in den Reliefbildern der Monumente übliche Variante des Zeichens *kin* »Sonne« (Abb. 23). Damit verbindet sich bei diesem Kopfe eine Dreiheit von Elementen über der Stirn, die in einer ganzen Reihe von Fällen in ganz gleicher Weise der mit dem Elemente *kin* gezeichneten Stirn von *Ah-bolon-tz'acab*-Köpfen aufgesetzt ist (vgl. unten S. 90—93, Abb. 103—112). Ich werde auf die Bedeutung dieser drei Elemente und der *Ah-bolon-tz'acab*-Köpfe, die sie als Kopfschmuck tragen, noch näher zu sprechen kommen und erwähne hier nur, daß auch die Figur, die auf der Westseite des Eingangs in die Tempelzelle des Kreuztempels Nr. I von Palenque ihre Stelle hatte (vgl. Maudslay IV, Pl. 71), einen solchen, von der genannten Dreiheit von Elementen gekrönten, das Zeichen *kin* auf der Stirn tragenden *Ah-bolon-tz'acab*-Kopf in der Hand hält, über dem, wie auf dem Reliefe unsers Pfeilers *c*, sich noch reich entwickelte und verzierte Flammenzungen erheben.

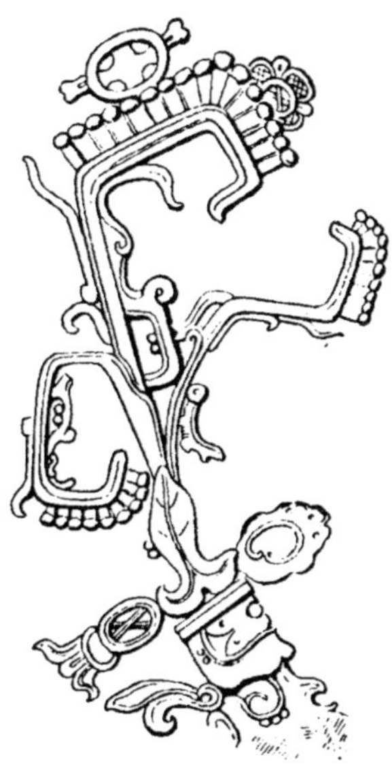

Abb. 23. Drachen- oder ***Ah-bolon-tz'acab***-Kopf mit dem Zeichen ***kin*** auf der Stirn und darüber die Dreiheit der Elemente. Von der Hauptfigur der Abb. 18 (Pfeiler ***c*** der Westfront des Westgebäudes) im Arme gehalten.

Das quere Gebilde, das das Fußgestell für die Figuren des Stuckreliefs des Pfeilers *d* bildet (vgl. Abb. 19), vermag ich nicht zu deuten. In der Mitte des Streifens ist, wenn die Zeichnerin Maudslay's richtig gesehen hat, ein Medaillon vorhanden, das das Zeichen *kin* einschließt. Über den Streifen ist in seiner ganzen Länge ein Faden gespannt. Von den Gebilden, die die beiden Enden des Streifens bildeten, ist gerade noch zu sehen, daß sie halbkreisförmigen Umriß hatten. Sie sind im übrigen vollständig zerstört.

Die Hauptfigur hat hier nur ein ganz kurzes Röckchen, aber vorn am Gürtel ihre Maske, mit dem vorn herabfallenden breiten, reich verzierten Riemen. Sie hält in der rechten Hand ein Beil, ähnlich dem der Figur auf dem Pfeiler *b* (Abb. 17), in der linken eine Schlange mit weit geöffnetem Rachen, deren Schnauzenende nicht nach oben gebogen oder winklig eingerollt ist, sondern gerade ausgestreckt und mit Nüstern am Ende gezeichnet ist, die Feuer zu schnauben scheinen. Es wird das wohl eine Blitzschlange darstellen sollen. Dieselbe Schlange wird von der gegenüberstehenden Figur — einer Frau, die in ein bis zu den Knien reichendes Röckchen aus netzartigem Gewebe gekleidet ist und keine Sandalen trägt — mit beiden Händen gepackt, sie in Empfang nehmend oder darreichend. Das erstere erscheint mir wahrscheinlicher. Diese Frauengestalt scheint den *Ah-bolon-tz'acab*-Kopf, den die Figur des Pfeilers *c* (Abb. 18 und 23) im Arme trägt, als Kopfputz gehabt zu haben, und sie hat sicher denselben *Ah-bolon-tz'acab*-Kopf (Abb. 23) auf dem Rücken getragen, denn die Dreiheit von Gebilden, von der ich sprach, die über der Stirn des Kopfes (Abb. 23) zu erkennen ist, ist an dem im übrigen ganz zerstörten Kopfe, den diese Frauengestalt auf dem Rücken trug, noch deutlich.

Abb. 24. Palenque, Palacio. Westgebäude (Haus *D*, Maudslay). Reste des (Reptil-?) Kopfes, der das Fußgestell der Hauptfigur des Pfeilers *e* bildete.

Das Stuckrelief des Pfeilers *e* ist fast ganz abgefallen. Nur die Elemente der Umrahmung sind noch zu sehen (vgl. oben Abb. 15). Und von dem Kopfe, der das Fußgestell der Hauptfigur dieses Pfeilers bildete, ist ein Stück erhalten, das ich in Abb. 24 wiedergegeben habe. Es muß ein Eidechsen-, Schildkröten- oder Froschkopf gewesen sein, wie das merkwürdige schneckenförmig eingerollte hauzahnartige Gebilde zeigt, das aus dem Mundwinkel heraushängt[1].

[1] Vgl. die Amphibienfigur, die die Hieroglyphe des *uinal*'s, des Zeitraums von 20 Tagen, bilden. »Gesammelte Abhandlungen zur amerikanischen Sprach- und Altertumskunde.« Band I. Berlin 1902. S. 733.

Man kann noch erkennen, daß die Hauptfigur dieser Gruppe nach links (der asymmetrischen Mitte zu) gewendet war, gleich der Hauptfigur des Pfeilers *f*.

Auf dem Pfeiler *f*, dem südlichsten der vier Mittelpfeiler im engeren Sinne, wird die Mitte des Fußgestells von einem Drachen- oder *Ah-bolon-*

Abb. 25. Mumienfigur des von der Federschlange begleiteten Gottes. An der Hinterwand des Saales *E* (Maudslayscher Bezeichnung) am Ballspielplatze von *Chich'en Itzá*.
(Nach Maudslay III, Pl. 51.)

tz'acab-Kopfe mit fleischlosem Knochenunterkiefer gebildet, der, gleich der Hauptfigur dieses Reliefs, nach links gewendet ist (Abb. 20). Die Stirn hat die Gestalt einer kalkuliformen Hieroglyphe, die aber keine besonderen Kennzeichen aufweist. Wie über den drei Drachen- oder *Ah-bolon-tz'acab*-Köpfen, die in dem Fußgestelle des Reliefs des Pfeilers *c* (des nördlichsten

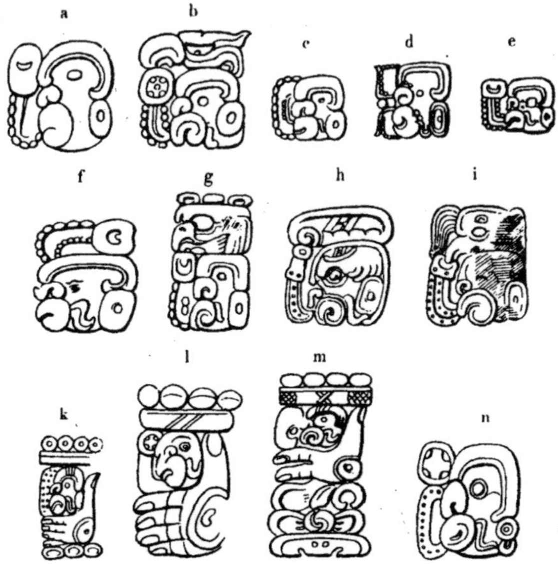

Abb. 26. Hieroglyphe des Sterngotts des Nordens in der Zeichnung der Monumente.

a.	*Copan.*	Altar *U.*	Oberseite Hierogl. 11.	Maudslay	I,	Pl. 98.
b.	„	Stele *A.*	Hierogl. 14. a.	„	I,	„ 30.
c.	„	Stele *N.*	Hierogl. 23.	„	I,	„ 79.
d.	„	Stele *N.*	Hierogl. 9.	„	I,	„ 79.
e.	„	Altar *T.*	Südseite.	„	I,	„ 96.
f.	„	Stele 8.	Hierogl. B. 19.	„	I,	„ 109.
g.	*Quiriguá.*	Stele *D.*	Westseite Hierogl. 17. b.	„	II,	„ 26.
h.	*Copan.*	Stele *P.*	Hierogl. 9.	„	I,	„ 89.
i.	„	Stele *P.*	Hierogl. 12.	„	I,	„ 89.
k.	„	Stele 1.	Rückseite Hierogl. 6. a.	„	I,	„ 100.
l.	„	Stele *J.*	Hierogl. 7. a.	„	I,	„ 65.
m.	„	Stele *J.*	Hierogl. 30. b.	„	I,	„ 65.
n.	Palenque.	Kreuztempel II.	Hierogl. D. 1.	„	IV,	„ 82.

der vier Mittelpfeiler im engeren Sinne) die Enden der drei Schenkel des liegenden Kreuzes bilden, erheben sich auch über dem Drachen- oder *Ah-bolon-tz'acab*-Kopfe dieses Pfeilers *f* zwei scheidenartige Behälter, aus denen Ranken hervorwachsen, die mit den schildförmigen Blättern und den Blüten von Seerosen besetzt sind. Nur zeichnen sich diese Ranken hier von einem Hintergrunde ab, der wie aus vier zusammengebogenen

Ranken gebildet aussieht. Und an den beiden Enden erhebt sich über dem Rankenwerke der lang verdrückte Kopf einer menschlichen Figur, der winklig ausgefeilte Schneidezähne und ein Kreuz im Auge aufweist, also der Gottheit der Zahl »Sechs« zu entsprechen scheint[1].

Die Handlung, in der die Personen des Pfeilers *f* dargestellt sind, ist eine besonders ausgesprochene und besonders deutlich. Man sieht auf der linken Seite eine Art Ungeheuerkopf mit nach unten gebogenem Rüssel oder Schnabel, lang aus dem Mundwinkel heraushängendem gekrümmten Hauzahne und großem Auge. Auf ihm sitzt eine Gestalt, die nur mit breitem Stoffgürtel, der zugleich als Schambinde dient, bekleidet ist und keine Sandalen trägt. Den Mund umgibt eine Umringelung, der vielleicht eine ähnliche, die Augen umgebende, entsprach, und die in auffälliger Weise einerseits an die Mumienfigur des von der Quetzalfederschlange begleiteten Gottes aus dem Reliefe der Hinterwand des Saales *E* am Ballspielplatze von *Chich'en Itzá* (Abb. 25), anderseits an das Gesicht und die Hieroglyphe des Sterngotts des Nordens erinnert, von dem ich oben (S. 21, Abb. 10) die Zeichnung der Dresdner Handschrift und hier in Abb. 26 einige Formen der Monumente gegeben habe. Diese Gestalt wird von der Hauptfigur am Schopfe gepackt — das ist in der mexikanischen und mittelamerikanischen Symbolik die Veranschaulichung der Gefangennahme —, und das Kupferbeil mit der dreigelappten Schneide ist über dieser Person erhoben, was wiederum vielleicht auch nur ein Zeichen der Besiegung ist; denn in einen kurzen Stiel gefaßte Kupferbeile werden von Bischof Landa als Kriegsbeile und Holzfälleräxte der Maya von Yucatan abgebildet und beschrieben[2] (Abb. 27).

Abb. 27. Kupfer-Kriegsbeil der Yukateken. (Nach Fr. Diego de Landa. Relacion de las Cosas de Yucatan.)

Was nun die Bedeutung dieser ganzen Reihe von Bildern betrifft, die die Pfeiler der Westhalle des Westgebäudes bedecken, so ist zunächst festzuhalten, daß die Hauptfigur, die handelnde Person dieser Bilder, weiblichen Geschlechts ist. Das lehrt, wie ich oben gezeigt habe, ein Vergleich der Kleidung dieser Figuren mit der der Nebenperson der Abb. 19, die unzweifelhaft

[1] Vgl. meine »Gesammelten Abhandlungen«. Band I, S. 818, 819.

[2] Tenian hachuelas de cierto metal y desta hechura (nebenstehende Abbildung), las quales encaxavan en un hastil de palo, y les servia de armas y buelta de labrar madera. Davanle filo con una piedra a porrazos, que es el metal blando. — Die Schneiden der mexikanischen Kupferbeile sind in der Tat durch Kaltschmieden gehärtet. Vgl. meine »Gesammelten Abhandlungen« Band III, S. 533—536.

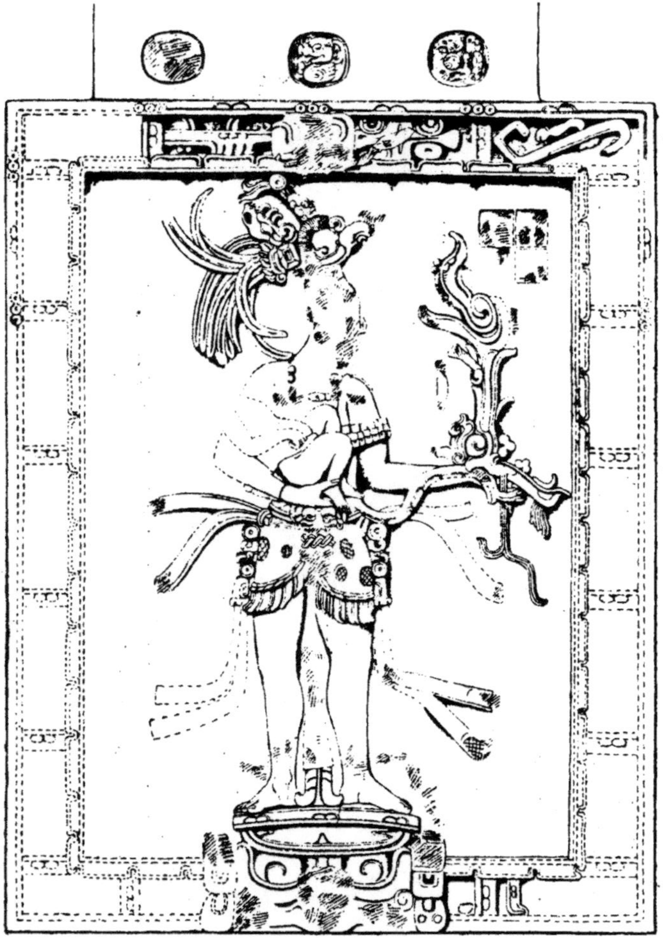

Abb. 28—29. Palenque, Inschriftentempel (Templo de las leyes). Nordfront. Stuckreliefe auf der Außenseite der Pfeiler *b* und *c*

Abb. 30—31. Palenque. Inschriftentempel (Templo de las leyes). Nordfront. Stuckreliefe auf der Außenseite der Pfeiler *d* und *e* (des vierten und fünften, von Osten aus gezählt.) (Maudslay IV. Pl. 56.)

eine Frau ist, und ein Vergleich mit der Kleidung der Figuren, die die Außenwand der Pfeiler des Inschriftentempels (»Templo de las leyes« oder »Templo de las inscripciones«) bedecken, die ich in Abb. 28—31 wiedergebe, und die als weiblich sich schon dadurch kennzeichnen, daß sie ein Kind im Arme halten. Und wenn einen in den Figuren der Abbildungen 17—20 die ungewöhnliche Kürze des Hüfttuches stört, so ist darauf hinzuweisen, daß auch von den Figuren des Inschriftentempels nur die eine, die des Reliefs Abb. 29, mit einem bis zu den Knien reichenden Röckchen bekleidet ist. — Dürfen wir aber diese Geschlechtsbestimmung der Hauptfiguren der Bilder Abb. 17—20 als gesichert ansehen, so ist damit unmittelbar die Beziehung zu der Stelle gegeben, an der diese Bilder sich finden — der Westseite des Westgebäudes. Denn der Westen ist ja, in dem Glauben der mexikanischen und mittelamerikanischen Völker, das Land der Weiber und das Haus des Herabkommens oder der Geburt, das *Ciuatlan* oder *Tamoanchan* der Mexikaner, und deshalb zugleich auch das Land, wo die Maisfrucht und die andern Lebensmittel entstanden, und von wo sie zu den Menschen gekommen sind. Wenn diese weiblichen Gestalten auch an der Vorderseite der Pfeiler des Inschriftentempels sich finden, der seine Front dem Norden zukehrt, so ist der Grund wohl darin zu suchen, daß der ganze Hof, dem das Westgebäude des Palastes und der Inschriftentempel zugekehrt sind (vgl. den Plan, Abb. 1), als Westregion galt.

Verwunderlich kann es nun erscheinen, daß diese weiblichen Figuren das Kriegsbeil schwingen und die Blitzschlange mit der Hand gepackt halten. Dem, der die Anschauungen der mexikanischen und mittelamerikanischen Völker und ihre Wiedergabe in den Bilderschriften kennt, ist aber eine solche Ausstattung durchaus nicht fremd. Die im Westen wohnenden Weiber sind ja durchaus nicht gewöhnliche Weiber, sondern sind die *Ciuateteó* oder *Ciuapipiltin*, wie sie die Mexikaner nannten, d. h. die Göttinnen, die zu Göttern gewordenen Weiber, die die *mociuaquetzque* sind, die »(Krieger), die in Gestalt von Frauen auftreten«. Denn nach mexikanischer Anschauung ist die Frau, die ein Kind gebiert, ein Krieger, der einen Gefangenen gemacht hat, und die Frau, die im Kindbette stirbt, ist ein Krieger, der im Felde gefallen oder von den Feinden geopfert worden ist. So erklärt sich ganz einfach die Handlung, die uns das Relief (Abb. 20) vor Augen führt. — Was aber die Blitzschlange betrifft, die die Figur Abb. 19 mit der Hand gepackt hält, und die auch die vier Figuren des Inschriftentempels

(Abb. 29—31) halten, so ist zunächst festzustellen, daß dieselbe Beziehung auch für die *Ciuateteó* der Mexikaner zutrifft, deren Gewandung *tlaitzcopintli,*

Abb. 32. Doppelköpfige Feuerschlange auf den Armen der eingeritzten Figur auf der Jadeitplatte vom Rio Graciosa. (Museum in Leiden.)

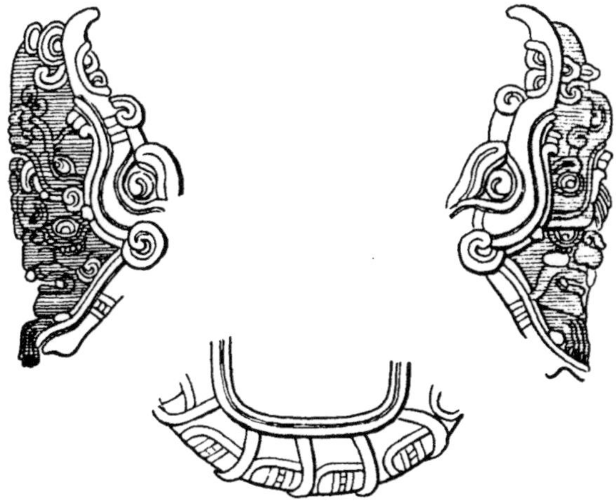

Abb. 33. Doppelköpfige Feuerschlange auf den Armen der Figur auf der Westseite der Stele *P* von *Copan.* (Nach Maudslay I, Pl. 87.)

tlaitzcopeualli »mit Obsidianpfeilspitzen bedruckt« ist, und denen als Opfergaben *papalotlaxcalli* »Maisfladen in Gestalt des Feuerschmetterlings (oder des Sterndämons)« und *xonecuillaxcalli* »Maisfladen in Gestalt des Blitzes« (von

S-förmiger Gestalt) dargebracht wurden[1]. Und diese Beziehung erklärt sich daraus, daß diese göttlichen Frauen, die Seelen der im Kindbette gestorbenen oder geopferten Frauen, die Sterndämonen sind, die vom Himmel herunter-

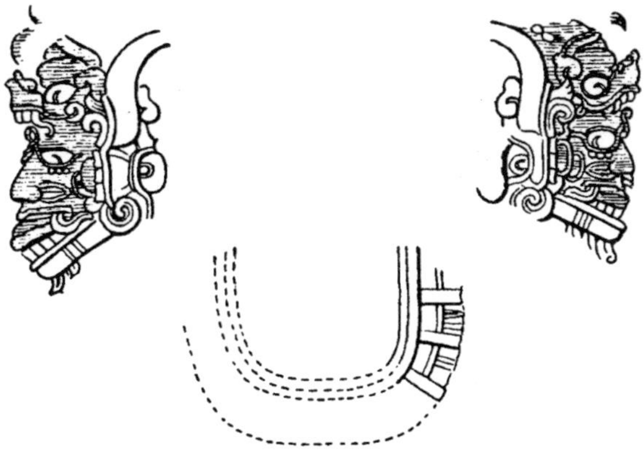

Abb. 34. Doppelköpfige Feuerschlange auf den Armen der Figur auf der Vorderseite der Stele 2 von *Copan*. (Nach Maudslay I, Pl. 101.)

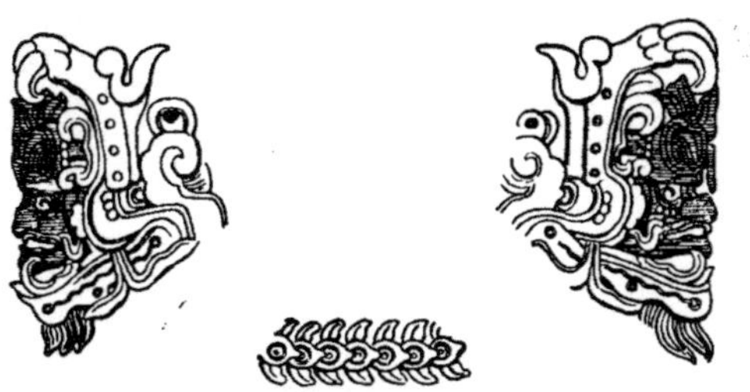

Abb. 35. Doppelköpfige Feuerschlange auf den Armen der Figur auf der Vorderseite der Stele *J* von *Copan*. (Nach Maudslay I, Pl. 63.)

kommen, und daß sie die Abbilder der Mondgöttin sind, die mit Fruchtbarkeit und Gedeihen und mit den Gewittern, die das Wachstum der Feldfrüchte bewirken, in engster Verbindung steht. *Tlalocan ipan metztli* »das Reich des Regengottes (Blitzgottes) und des Mondes« ist im Codex

[1] Abgebildet Codex Magliabecchiano XIII, 3; Blatt 81, unten.

Vaticanus 3738 der unterste der 13 Himmel, die von den Mexikanern gezählt wurden. So haben denn auch die weiblichen Gestalten, die, ein

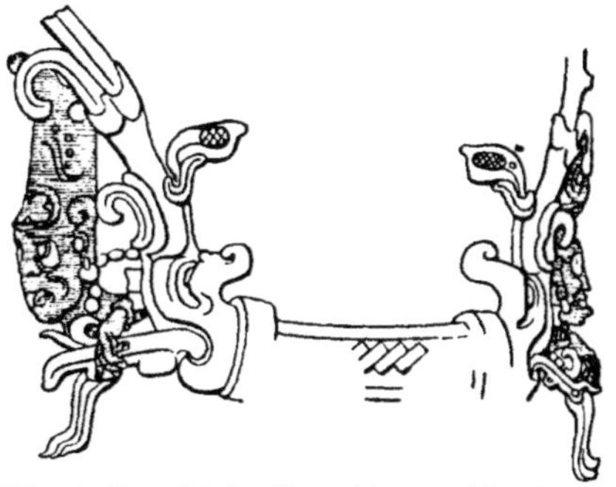

Abb. 36. Doppelköpfige Feuerschlange auf den Armen der Figur auf der Vorderseite der Stele *A* von *Copan*. (Nach Maudslay I, Pl. 26.)

Abb. 37. Doppelköpfige Feuerschlange auf den Armen der Figur auf der Vorderseite der Stele *B* von *Copan*. (Nach Maudslay I. Pl. 34.)

Kind im Arme haltend, auf den Pfeilern des Inschriftentempels dargestellt sind (Abb. 28—31), alle vier eine Blitzschlange im Arm.

Auf dieselbe Vorstellung führe ich auch die Bilder der doppelköpfigen Schlange zurück, die die großen Figuren der Stelen von *Copan* auf den zur

Brust emporgehobenen Armen tragen. In einigen dieser Fälle ist der gebogene Schlangenleib deutlich; so bei dem Stücke, das die eingeritzte Figur auf der Jadeitplatte des Leidener Museums vor der Brust hält (Abb. 32), und auf den Stelen P. und J. und der Stele 2 von *Copan* (Abb. 33—35).

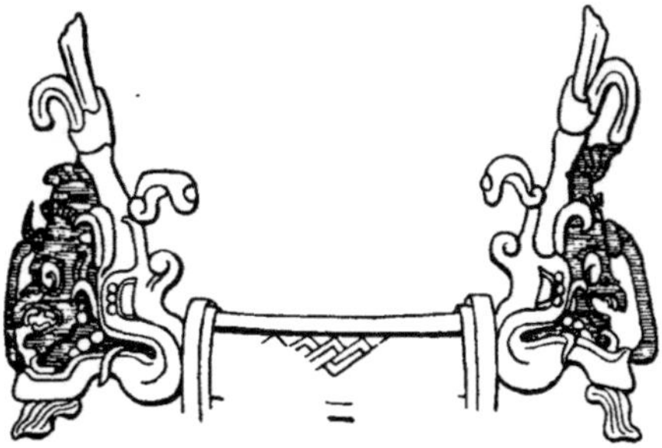

Abb. 38. Doppelköpfige Feuerschlange auf den Armen der Figur auf der Vorderseite der Stele *D* von *Copan*. (Nach Maudslay I, Pl. 45.)

Abb. 39. Doppelköpfige Feuerschlange auf den Armen der Figur auf der Vorderseite der Stele *H* von *Copan*. (Nach Maudslay I, Pl. 56.)

Anderwärts ist der nach unten gebogene Schlangenleib durch ein geradliniges Verbindungsstück ersetzt (Abb. 36—41), das gewissermaßen den Himmelsschildstreifen entspricht, die in anderen bedeutsamen Skulpturen den nach links (Westen) sich richtenden Schlangenkopf mit dem nach rechts (Osten) gewendeten verbinden (vgl. unten S. 84 Abb. 101 a). Ein Beispiel habe ich gefunden, und zwar bei der Stele 11 von *Copan*, wo der starre, Flecht-

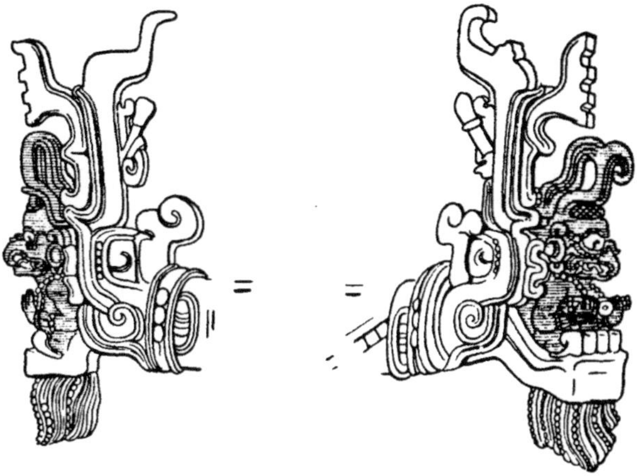

Abb. 40. Doppelköpfige Feuerschlange auf den Armen der Figur auf der Nordseite der Stele *N* von *Copan*.
(Nach Maudslay I, Pl. 77.)

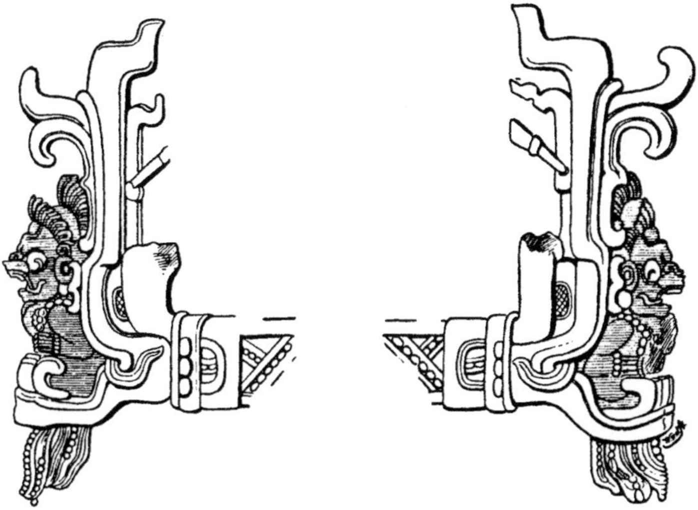

Abb. 41. Doppelköpfige Feuerschlange auf den Armen der Figur auf der Südseite der Stele *N* von *Copan*.
(Nach Maudslay I, Pl. 82.)

muster aufweisende Streifen, dessen Enden die Schlangenköpfe angesetzt sind, durch einen ähnlichen starren, mit Flechtmustern versehenen Streifen ersetzt ist, wo aber dreiteilige ausstrahlende Gebilde für die Schlangen-

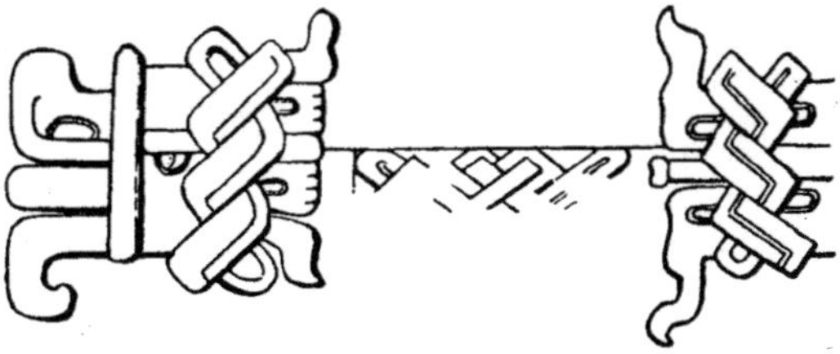

Abb. 42. Feuerstreifen (?). Homologon der doppelköpfigen Feuerschlange, auf den Armen der Figur auf der Vorderseite der Stele 11 von *Copan*.
(Nach Maudslay I, Pl. 112, b.)

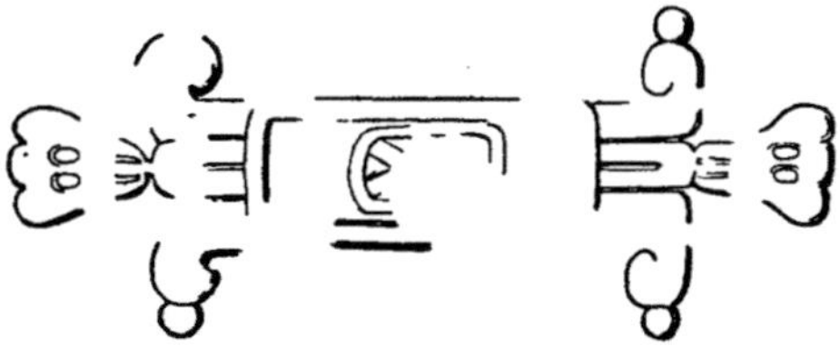

Abb. 43. Feuerstreifen (?). Brustschmuck. *Quiriguá*. Stele *A*.
(Nach Maudslay II, Pl. 8.)

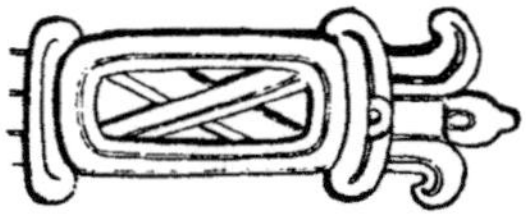

Abb. 44. Feuerstreifen (?).
Brustschmuck. *Quiriguá*. Stele *C*.
(Nach Maudslay II, Pl. 20.)

köpfe an den Enden eintreten (Abb. 42). Ich habe Grund zu der Annahme, daß diesem mit dreiteiligen Ausstrahlungen an den Enden versehenen Gebilde derselbe Gedanke zugrunde liegt, daß das ein Feuerstreifen sein soll, der die Blitzschlange vertritt. Denselben mit dreiteiligen Ausstrahlungen an den Enden versehenen Gebilden begegnen wir auch in *Quiriguá* (Abb. 43—46), und zwar an derselben Stelle, wo die

Figuren von *Copan* die doppelköpfige Feuerschlange zeigen. Während aber die letzteren und auch der Streifen (Abb. 42) ganz frei auf den Armen der Figuren ruhen, sind die entsprechenden Gebilde von *Quiriguá* (Abb. 43—46)

Abb. 45. Brustschmuck der Hauptfigur der großen Kröte *P* von *Quiriguá*. (Nach Maudslay II, Pl. 62.)

Abb. 46a. Brustschmuck der Figur auf der Nordseite der Stele *F* von *Quiriguá*. (Nach Maudslay II, Pl. 36, b.)

Abb. 46b. Maske des Brustschmuckes der Figur auf der Südseite der Stele *F* von *Quiriguá*. (Nach Maudslay II, Pl. 36, a.)

als Brustschmuck aufgefaßt, indem ein Halsband mehr oder minder deutlich ist, an dem diese Gebilde befestigt sind. Einfache Formen dieser mit dreiteiligen Ausstrahlungen an den Enden versehenen Gebilde, als Brustschmuck an einer Halsschnur befestigt, begegnen uns denn in der Tat auch auf andern Monumenten außerordentlich häufig. Einige Beispiele dafür habe ich in Abb. 47 zusammengestellt.

Abb. 47. Menschliche Figuren, die das Element des Feuerstreifens an einer Halsschnur befestigt als Schmuck auf der Brust tragen.

a. b. Gürtelmasken von der Ost- und der Westseite der Stele *D* von *Copan*. (Maudslay I, Pl. 46, a, b.)

c. Sitzende Figur von der Rückseite der Stele *B* von *Copan*. (Maudslay I, Pl. 38.)

d. e. Figuren von der Ostseite der Stele *D* von *Copan*. (Maudslay I, Pl. 46, a.)

f. g. Figuren von der Westseite der Stele *D* von *Copan*. (Maudslay I, Pl. 46, b.)

Bei dem Hause *C* Maudslay's, dem mittleren der drei Gebäude, die, durch vertiefte Höfe getrennt, gegenwärtig noch den in der nördlichen Hälfte des Palastmassivs verfügbaren Raum einnehmen (vgl. Taf. XVI), scheinen die dem östlichen der beiden Höfe zugekehrten Pfeiler der Osthalle an ihrer Außenseite in dem mittleren Teile nur eine gleichmäßige Bemalung gehabt zu haben. Aber nahe am oberen Ende und unten nahe dem Fuße scheinen Reste eines Stuckreliefs vorhanden zu sein, das oben vielleicht den Umriß eines Medaillons, unten die Gestalt eines Bandes oder Streifens hatte.

Auf den vier Mittel- und den beiden Eckpfeilern der westlichen der beiden Hallen, deren Außenseite dem Westhofe zugekehrt ist, haben sich, durch Kalksinter geschützt, noch Reste der Stuckreliefe erhalten, von denen ich in Abb. 48—50 drei nach der Maudslayschen Zeichnung (Vol. IV, Pl. 28) wiedergebe. Zu oberst befanden sich wahrscheinlich drei Einzelhieroglyphen, wie auf den Pfeilern des Ost- und des Westgebäudes. Aber da die die Türöffnungen überlagernden Balken, die schon längst herausgefault oder herausgerissen worden sind, ein ganz Stück breiter waren als an dem Ost- und Westgebäude — die Breite der Pfeiler selbst zeigt nur geringe Verschiedenheit, da sie am Ostgebäude 1.83 m, beim Mittelgebäude 1.46 m beträgt —, so ist auf den Mittelpfeilern der Westhalle des Mittelgebäudes von diesen drei Hieroglyphen nur die mittelste, auf den Wandpfeilern die mittelste und die äußere stehengeblieben. Darunter sieht man, nicht durch einen Rahmen begrenzt, sondern den Pfeiler in seiner ganzen Breite füllend, aber nur die obere Hälfte des Pfeilers einnehmend, Figuren in reichem Federschmucke, die gleich den weiblichen Figuren des Inschriftentempels (vgl. oben S. 36, 37, Abb. 28—31) am Gürtel vorn und an jeder Seite eine Maske haben, von der ein reich verzierter breiter Riemen herabfällt. Diese Figuren sind aber hier nicht stehend, sondern mit untergeschlagenen Beinen sitzend dargestellt, auf Bänken oder Stühlen, die wohl den von vier niedrigen plattenförmigen Füßen getragenen tischartigen Steinbänken entsprechen, die sich in verschiedenen über der Erde befindlichen und unterirdischen Räumen des Palastbaues von Palenque finden. Auf der Vorderkante und auf den plattenförmigen Füßen sind diese tischartigen Bänke mit Hieroglyphen, wie mit Edelsteinen, eingelegt. Zu den Seiten der sitzenden Figuren stehen große Hieroglyphen. Die eine (vgl. Abb. 48) ist als das Zeichen *tun* »Stein« zu erkennen. In dem Bilde Abb. 50 ragen neben der sitzenden Figur phantastische Schlangenrachen auf.

Abb. 48—50. Palenque, Palacio. Stuckreliefe auf der Außenseite der Pfeiler der Westhalle des Mittelgebäudes (Haus *C*, Maudslay). (Nach Maudslay IV, Pl. 28.)

Leider sind die Gesichter dieser Figuren gänzlich zerstört, und von unterscheidenden Abzeichen oder kennzeichnenden Handlungen ist so wenig zu sehen, daß eine Bestimmung der Figuren untunlich erscheint. Soll

Abb. 51. Palenque, Palacio. Ostgebäude (Haus *A*, Maudslay). Das dritte (von Süden aus gezählt) der dreizehn Stuckmedaillone der Hinterwand der Osthalle. (Nach Maudslay IV, Pl. 6.)

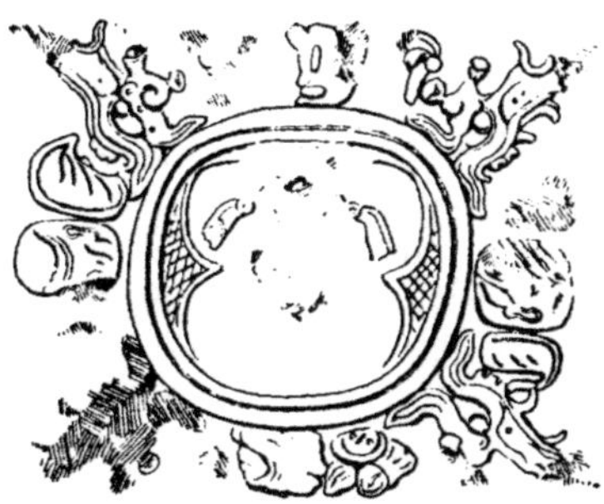

Abb. 52. Das fünfte (von Süden aus gezählt) der dreizehn Stuckmedaillone der Hinterwand der Osthalle. (Nach Maudslay IV, Pl. 6.)

man annehmen, daß hier an der Westhalle des Gebäudes, das in der Mitte zwischen den dem Osten, Norden, Westen zugekehrten Häusern seine Stelle hatte und — wie Maudslay anführt — besonders gut und dauerhaft gebaut war, die toten Vorfahren dargestellt waren? — die »alten

Männer und die alten Frauen«, die im Innern der Erde hausten, »ausruhend auf ihren Betten, in dem Lande, wo die Türen links (verschlossen) sind, wo es keine Straßen und Gassen gibt, die zu den Wohnungen der Menschen führen, in der neunfachen oder neunten (d. h. tiefsten, innersten) Hölle[1]«. Wir werden gleich sehen, daß ein gewisser Anhalt, dies anzunehmen, vorliegt.

Das Ostgebäude und das Mittelgebäude, die Häuser *A* und *C*, weisen auch in ihren Innenräumen Stuckverzierungen auf: das eine Medaillone, die mit Symbolen erfüllt und von Symbolen und Hieroglyphen umgeben sind; das andere große Masken. Diese Stuckverzierungen finden sich in beiden Gebäuden an der dem Osten zugekehrten Hinterwand ihrer Osthallen.

In dem Ostgebäude (vgl. Taf. IX, 2) sind dreizehn Stuckmedaillone vorhanden. Sie beginnen im Norden in etwa 6 m Entfernung von der Kante, wo die Mittelwand des Ostbaues in die Mittelwand des zerstörten Nordbaues umbiegt. Auf den Raum von dieser Kante bis zu der Türe, die die Mittelwand des Ostgebäudes in der Mitte durchbricht, entfallen sechs dieser Medaillone, auf die südlich der Mitteltüre folgende Wandfläche sieben.

Diese Medaillone weisen einen erhöhten Rand auf von etwas dem Quadratischen sich näherndem kreisförmigem Umrisse, nach Art des kalkuliformen Umrisses, der die Hauptmasse der Elementarbestandteile der Mayahieroglyphik kennzeichnet. An den vier Ecken springen von diesem erhöhten Rande phantastische Schlangenrachen in diagonaler Richtung vor, die oben mit der Stirnseite nach oben, unten mit der Stirnseite nach unten gewandt sind. Es ist dies nicht die Schlange mit aufgebogenem oder sich umrollendem Schnauzenende, der wir so oft begegnen. Die Schnauze ist hier (vgl. Abb. 51, 52) quer abgeschnitten, und aus dem Ende springen zwei am Grunde mit einer Art Zahnfleisch versehene zahnartige Gebilde vor wie bei den Blitzschlangen, die wir auf den Stuckreliefen der Westseite des Westgebäudes und der Nordseite des Inschriftentempels kennen gelernt haben (vgl. oben S. 26 Abb. 19 und S. 36, 37 Abb. 28—31). Als besonderes Merkmal sind auch die gestielten Augen zu nennen, die den

---

[1] .... »allá donde están descansando en sus camas en las partes que llaman *opochquiauayocan, atle calocan, chiucnauhmictlan,* que es en las partes siniestras, ó zurdas del derecho, adonde no hay calle ni callejon, en el noveno infierno oscuro«. (Tezozomoc, Crónica Mexicana cap. 63.)

Augenbrauen der Schlangen aufsitzen. Es ist offenbar dieselbe Schlange wie die, die man in der Dresdner Mayahandschrift die Helmmaske des Todesgottes, des alten Gottes (*Itzamná*) und des alten kahlköpfigen Gottes (des Mondgottes) bilden sieht (vgl. Abb. 53a—l), die auch durch 2—3 gestielte Augen auf der Augenbraue gekennzeichnet sind (vgl. insbesondere

Abb. 53. Phantastischer Schlangenkopf, mit gestielten Augen auf den Brauen.
a—c. Helmmaske *Itzamná*'s.
Dresdner Handschrift 5c, 6b, 9b.
d—k. Helmmaske des Todesgottes (bzw. der Todesgöttin).
Dresdner Handschrift 6c, 7b, 9c, 12b, 13a, 13b, 14a.
l. Helmmaske des alten kahlköpfigen Gottes (des Mondgottes).
Dresdner Handschrift 46a.
m. Helmmaske der Göttin.
Dresdner Handschrift 49a.

Abb. 53f, g, h, i, k). Der Raum zwischen je zwei dieser Schlangenrachen, außerhalb des kalkuliformen Randes, ist mit zwei bis drei Hieroglyphen oder Hieroglyphengruppen gefüllt. Der von dem kalkuliformen erhöhten Rande umschlossene Innenraum des Medaillons dagegen ist von einer Zeichnung eingenommen, der das Zeichen *kin* »Sonne« oder »Tag«, in der Gestalt, wie dieses auf den Monumenten erscheint, zugrunde liegen wird.

Dieses Zeichen *kin* ist in der Zeichnung der Monumente durch einen kleinen Kreis in der Mitte und vier im Kreuz gestellte Dreieckspitzchen

Abb. 54. Hieroglyphe *Kin* »Sonne«, »Tag«, »Einzeltag«
a. *Copan*, Stele *M*.
b. Palenque, Kreuztempel II, D. 17.
c. Palenque, Kreuztempel II, L. 5.
d. Palenque, Kreuztempel I, B. 7.

Abb. 55. Hieroglyphe *Kin*, »Sonne«, »Tag«, »Einzeltag« Dresdner Handschrift 61b, 69b, 52a.

Abb. 56. Hieroglyphe *Kin*, von Himmelsschildern.
a. Palenque, Stuckrelief am Pfeiler *e* des Ostkorridors des Ostgebäudes.
b. c. Palenque, Stuckrelief über der Türe der Osthalle des Hauses *E*.

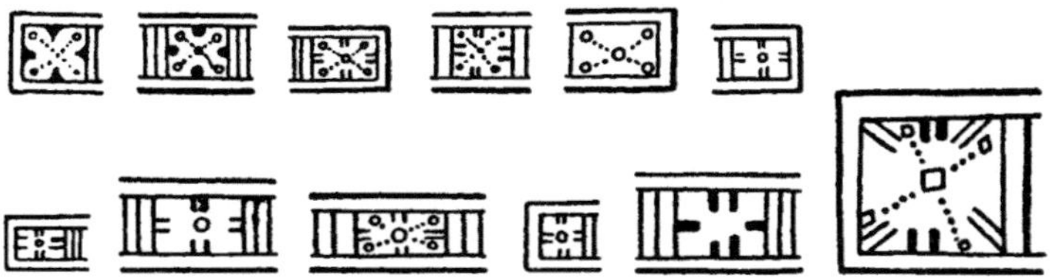

Abb. 57. Hieroglyphe *Kin*, von Himmelsschildern.
Dresdner Handschrift 68a, 55a, 37a; 68b, 52b, 40b. — Codex Perez 3, 22. — Codex Tro 10; — Codex Cortes 10c, 7, 12b.

Abb. 58. Hieroglyphe *Kin* (?), von Himmelsschildern.
a. b. Palenque, Kreuztempel Nr. I. Fries der Ostseite der Tempelzelle.
c. Palenque, Kreuztempel Nr. I. Fries der Westseite der Tempelzelle.

am Rande gekennzeichnet (vgl. Abb. 54 *a*—*d*). Die kleinen Dreieckspitzchen weisen, namentlich wo sie stärker entwickelt sind, eine deutliche Konkavität der Schenkel auf und sind in der Zeichnung der Handschriften auf vier Paare paralleler kleiner Striche reduziert (Abb. 55). Wo dieses

Element als astronomisches Zeichen auf Himmelsschildern vorkommt, da sind in der Regel, von dem kleinen Kreise in der Mitte ausgehend, in diagonaler Richtung Reihen von kleinen Kreisen oder Punkten angegeben (Abb. 56 u. 57), so daß man den Eindruck gewinnt, daß die durch die kleinen Dreieckspitzchen bedingte vierlappige Figur der eigentliche dieser Hieroglyphe zugrunde liegende Gedanke ist. In anderen Varianten derselben (?) Hieroglyphe scheinen die Dreieckspitzen die Oberhand gewonnen zu haben (Abb. 58). In diesem Falle findet man die im Kreuz gestellten Dreieckchen mit gekreuzter Strichelung erfüllt. Der kleine Kreis in der Mitte fehlt ganz, aber von der Mitte ausgehende diagonale Reihen kleiner Kreise werden angetroffen (Abb. 58 c).

In den Innenräumen der Stuckmedaillone der Hinterwand der Osthalle des Ostgebäudes (Abb. 51, 52, S. 49) ist die diagonale vierlappige Figur, bedingt durch Dreieckspitzen mit konkaven Schenkeln, deutlich. Statt des kleinen Kreises hat ein figürliches Gebilde die Mitte des Zeichens eingenommen, das aber jetzt überall herausgefallen oder herausgeschlagen worden ist. Nur unverständliche Reste sind in den Medaillonen Abb. 51, 52 noch vorhanden. Die Dreieckspitzen sind, wie das die seitlichen wenigstens noch deutlich zeigen, mit gekreuzter Strichelung erfüllt. Das ganze Zeichen war bemalt, und zwar der Grund mit roter, der kalkuliforme erhöhte Rand und die mit gekreuzter Strichelung erfüllten Dreieckspitzen mit blauer Farbe. Die blaue Bemalung der Dreieckspitzen legt die Vermutung nahe, daß die gekreuzte Strichelung hier Türkismosaik andeuten könnte.

Von den Besonderheiten dieser Medaillone ist wenig zu sagen, denn von den Einzelheiten ist traurig wenig erhalten. Das besterhaltene Medaillon ist das dritte, von links (Süden) aus gezählt. Ich habe es in Abb. 51 wiedergegeben. Es zeigt oben zwischen den beiden Schlangenrachen die Hieroglyphe *akbal* »Nacht« und daneben einen Schildkrötenkopf. Auf der linken Seite, unter dem oberen Schlangenrachen, sieht man die Hieroglyphe des Planeten Venus. Das zweite Medaillon, von Süden aus gezählt, hat oben die beiden Hieroglyphen Abb. 59. Die zweite scheint 12 *cauac* gelesen werden zu müssen. Das fünfte Medaillon (Abb. 52, S. 49) scheint zur Linken und zur Rechten dieselben zwei Hieroglyphen, aber in umgekehrter Folge, aufzuweisen. Bedauerlich ist, daß von dem siebenten Medaillone nicht mehr gerettet ist. Denn dieses ist das wichtigste, da es das mittelste der ganzen Reihe ist. Das zehnte weist am Oberrande Gebilde auf (Abb. 60),

Abb. 59. Palenque, Palacio, Ostgebäude. Hieroglyphen von der Oberkante des zweiten der 13 Stuckmedaillone der Osthalle. Zeichnung des Verfassers.

Abb. 60. Palenque, Palacio, Ostgebäude. Reste des zehnten der 13 Stuckmedaillone der Hinterwand der Osthalle. Zeichnung des Verfassers.

Abb. 61. Palenque, Palacio, Ostgebäude. Zwölftes der 13 Stuckmedaillone der Hinterwand der Osthalle. Nach einer Zeichnung des Verfassers.

Abb. 62. Palenque, Palacio, Ostgebäude. Rest des dreizehnten der 13 Stuckmedaillone der Hinterwand der Osthalle. Zeichnung des Verfassers.

die mir die Enden von Feuerstreifen zu bezeichnen scheinen, entsprechend dem Feuerschmetterling (*tlepapalotl*) der Mexikaner, der das Ende des Feuerstreifens des *atl-tlachinolli*-Symbols bildet[1]. Bei dem zwölften Medaillone (von Süden aus gezählt) ist der Raum zwischen den diagonal

[1] Vgl. meine »Gesammelten Abhandlungen« Band III. Berlin 1908. S. 224—226.

ausstrahlenden Schlangenköpfen durch Schlangenköpfe gleicher Art gefüllt (Abb. 61), die ihre Rachenseiten nach außen kehren und durch ihre Stellung eine Drehung im Sinne des Stundenweisers anzeigen. Bei dem dreizehnten Medaillone endlich, das das Nordende der Reihe bezeichnet, ist der Raum zwischen den Schlangenköpfen oben, rechts und jedenfalls auch links (und unten), durch je ein sekundäres Medaillon gefüllt, das das Zeichen *kin* und links und rechts je einen Knochen oder Knochendolch erkennen läßt (Abb. 62).

Das sind die traurigen Reste der 13 Stuckmedaillone der Osthalle des Ostgebäudes von Palenque. Es ist natürlich ausgeschlossen, daraus eine Bestimmung der Bedeutung dieser 13 Medaillone ableiten zu wollen. Um so bedeutsamer ist dafür ihre Zahl. Dreizehn ist die Zahl der Himmel, die übereinander aufsteigend gedacht wurden. Sie standen jeder unter der Obhut einer besonderen Gottheit und bildeten zugleich die Stationen, die die Sonne während des Tages zu durchlaufen hat, wenn sie vom östlichen Horizonte aufsteigend zum Zenite und abwärts bis zum westlichen Horizonte sich bewegt (Abb. 63). Ihnen standen die neun Unterwelten gegenüber, die auch ihre Herren oder Hüter hatten, und die zugleich die Stationen bezeichnen, die die Sonne in der Nacht zu durchlaufen hat, wenn sie den Unterirdischen leuchtet (Abb. 64). Die Götter der dreizehn Himmel sind daher zugleich die der dreizehn Stunden des Tages, die der neun Unterwelten die Herren der neun Stunden der Nacht. Beides habe ich zuerst in meinem Kommentar zum Tonalamatl der Aubinschen Sammlung nachgewiesen[1], und es ist nachher durch die Veröffentlichung des Bruchstücks der »Histoyre du Mechique« André Thevet's durch Dr. Édouard de Jonghe bestätigt worden[2]. Bei der tiefgreifenden Bedeutung, die danach die Zahlen Dreizehn und Neun für die Völker des alten mexikanisch-mittelamerikanischen Kulturkreises hatten, ist es natürlich das nächstliegende, anzunehmen, daß die oben beschriebenen dreizehn Medaillone der Osthalle des Ostgebäudes Beziehung zu diesen Göttern der dreizehn Himmel haben. Und man wird um so stärkere Berechtigung zu dieser Annahme haben, wenn es sich herausstellen sollte, daß daneben andere Reliefe sich finden, die hinreichend verdächtig sind, daß sie die neun Unterwelten und ihre Herren veranschaulichen sollen. Und das ist in der

[1] Berlin 1900. S. 18—31.

[2] Journal de la Société des Américanistes de Paris. N. S. Tome II, p. 1—43.

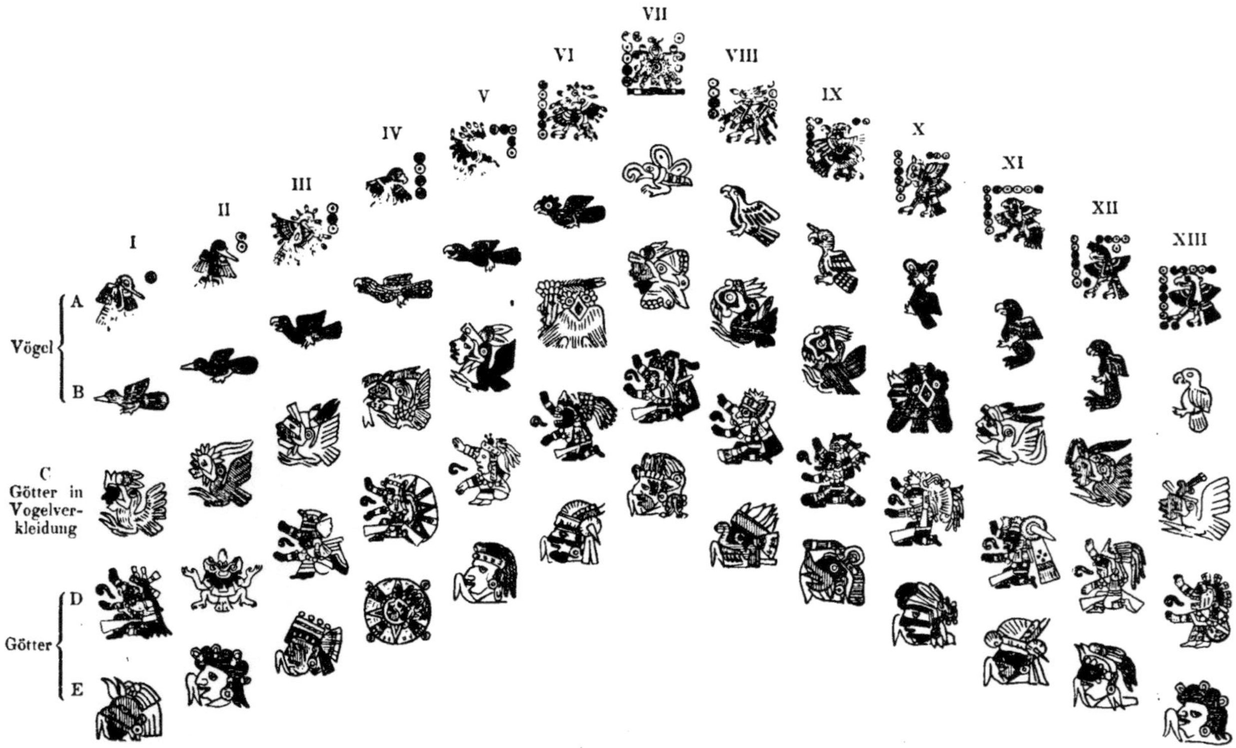

Abb. 63. Die dreizehn Vögel und die dreizehn Götter, die Herren der Stunden des Tags. A. Die dreizehn Vögel. Codex Borgia 71. — B. Codex Borbonicus. — C. Tonalamatl Aubin. — D. Die dreizehn Götter. Codex Borbonicus. — E. Tonalamatl Aubin.

Abb. 64. Die neun Herren der Stunden der Nacht.
A. Codex Telleriano-Remensis. — B. Codex Borbonicus. —
C. Tonalamatl Aubin. — D. E. Codex Bologna.

Tat der Fall. Ich habe oben gesagt, daß, außer in der Osthalle des Ostgebäudes, auch an der Hinterwand der Osthalle des Mittelgebäudes Stuckreliefe — keine Medaillone, aber große Masken — sich finden, und diese sind in der Zahl von Neun vorhanden. Die Bedingung ist also erfüllt, und ein gütiges Schicksal hat es gefügt, daß diese Masken nicht nur einfacher und leichter bestimmbar zu sein scheinen, sondern auch nicht ganz so trostlos zerstört sind wie die dreizehn Medaillone des Ostgebäudes.

Meine Tafel XI, 1 gibt eine Ansicht der Osthalle des Mittelgebäudes, wie sie aussah, als wir im Frühjahr 1911 unser Quartier dort aufgeschlagen hatten. Und die Tafeln XI, 2 und XII, 1 und 2 zeigen, was von den ersten acht Masken der Hinterwand noch zu sehen ist. Nur die neunte, die ganz zerstört ist, hat die Photographin nicht versucht, auf die Platte zu bringen. Ich habe außerdem in den Abbildungen 65—70 in Zeichnung (mit Benutzung von Maudslay veröffentlichter Photographien) die Masken einzeln wiedergeben lassen.

Bei der Aufzählung der dreizehn Himmel und der neun Höllen ist in den mexikanischen Bilderschriften ein doppeltes System befolgt. Einmal hat man die verschiedenen Himmel von 1—13 übereinander aufsteigen lassen, die Höllen von 1—9 untereinander folgen lassen, so daß also der höchste Himmel der dreizehnte, die tiefste Hölle die neunte ist. Das ist das System, das in dem Codex Vaticanus 3738 befolgt ist. Es kommt auch in verschiedenen sprachlichen Wendungen zum Ausdruck, wenn man z. B. die Götter des Lebens, der Zeugung und des Maises im dreizehnten Himmel wohnen ließ und die neunte Hölle (*chiucnauhmictlan*) als die tiefste Hölle bezeichnet. Die andere Aufzählung trägt dem Auf- und Absteigen der Sonne in der Bahn, die sie bei Tag in der Oberwelt, bei Nacht in der Unterwelt durchmißt, Rechnung, nimmt also den mittelsten oder innersten der dreizehn Himmel, d. i. den siebenten, als den höchsten, die mittelste oder innerste der neun Höllen, nämlich die fünfte, als die tiefste an. Diesem System entsprechen die Namen der Götter, die als Herren oder Verkörperungen der dreizehn Himmel in den Texten angegeben und auf den Blättern des *Tonalamatl*'s, des astrologischen Kalenders, in Bildern vorgeführt sind, sowie die Namen der Götter, die als Herren oder Verkörperungen der neun Höllen, als die neun »Señores acompañados de la noche«, in den gleichen Quellen genannt werden (vgl. Abb. 63, 64). Die Namen habe ich schon in meinem Kommentar zum Tonalamatl der Aubinschen Sammlung gegeben [1] und später noch wiederholt behandelt. Als Herr des siebenten Himmels

---

[1] A. a. O. S. 18—31.

Abb. 65. Palenque, Palacio. Mittelgebäude (Haus C, Maudslay), Osthalle. Erste der neun Stuckmasken der Hinterwand (*Xiuhtecutli*). (Nach Maudslay IV, Pl. 24.)

Abb. 66. Palenque, Palacio. Mittelgebäude (Haus C, Maudslay). Osthalle. Dritte der neun Stuckmasken der Hinterwand (*Piltzintecutli*). (Nach Maudslay IV, Pl. 24.)

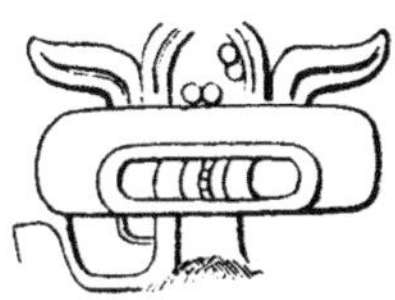

Abb. 67. Palenque, Palacio. Mittelgebäude (Haus C, Maudslay), Osthalle. Vierte der neun Stuckmasken der Hinterwand (*Cinteotl*). (Nach einer Zeichnung des Verfassers.)

Abb. 68. Palenque, Palacio. Mittelgebäude (Haus C, Maudslay), Osthalle. Fünfte der neun Stuckmasken der Hinterwand (*Mictlantecutli*). (Nach Maudslay IV, Pl. 24.)

Abb. 69. Palenque, Palacio. Mittelgebäude (Haus C, Maudslay), Osthalle. Siebente der neun Stuckmasken der Hinterwand (*Tlaçolteotl*). (Nach Maudslay IV, Pl. 24.)

Abb. 70. Palenque, Palacio. Mittelgebäude (Haus C, Maudslay), Osthalle. Achte der neun Stuckmasken der Hinterwand (*Tepeyollotl*). (Nach Maudslay IV, Pl. 24.)

erscheint danach *Tonacatecutli-Ometecutli*, der Herr des Lebens, der Zeugung und der Maisfrucht, als Herr der fünften Hölle *Mictlantecutli*, der Todesgott. Die ganze Reihe der Herren der neun Unterwelten und der Stunden der Nacht ist eine wohlbekannte und vielgenannte. Sie lautet:

Xiuhtecutli (Feuergott),
Itztli (Steinmessergott),
Piltzintecutli (Gott der Fürsten, Sonnengott),
Cinteotl (Maisgott),
Mictlantecutli (Herr des Totenreichs),
Tlaçolteotl (Mond- und Erdgöttin),
Tepeyollotl (Gott der Höhlen),
Tlaloc (Regen- und Gewittergott).

Sehen wir nun zu, ob die Vermutung, der ich oben Ausdruck gab, daß die neun Masken der Hinterwand der Osthalle des Mittelgebäudes den Herren der neun Unterwelten entsprechen, durch das, was wir an diesen Masken beobachten können, sich rechtfertigen läßt.

Hier fällt nun zunächst ins Gewicht, daß die fünfte Maske (Abb. 68), die der tiefsten Hölle und dem Herrn des Totenreiches *Mictlantecutli* entsprechen müßte, diese Bedingung so klar und deutlich erfüllt, wie man es nur wünschen kann. Es sind hier nicht nur die Unterkiefer in der auf diesen Kunstdenkmälern üblichen Weise als aus fleischlosem Knochen bestehend gekennzeichnet, sondern auch Oberkiefer und Wangen, und auf die Stirn sind mit wenigen meisterhaften Strichen die Elemente eines Schädels als Determinativ gesetzt. Nicht ganz so leicht ist das Element zu deuten, das diese Maske über der Stirn trägt. Eine Verwandtschaft scheint es mit einer Hieroglyphe zu haben, die in der Dresdner Handschrift 40b als erste in der Gruppe von Hieroglyphen gesetzt ist, die das Bild des fackeltragenden Arara (*moo*) begleiten (Abb. 71). Ich glaube daher, daß es in irgendeiner

Abb. 71 a, b. Der rote Arara (*moo*) mit dem Feuer in der Hand.
Dresdner Handschrift 40b, Codex Tro 12a.

Beziehung zum Feuer steht. Und das können wir als Determinativ ruhig gelten lassen, da der Todesgott vielfach — z. B. Blatt 52 des Codex Borgia — mit dem Feuer und deshalb auch mit dem roten Arara in Verbindung gebracht wird. Den obern Abschluß bildet bei dieser, wie bei den andern Masken, ein dreilappiges oder dreistrahliges Gebilde, das ich glaube Grund zu haben, als eine Veranschaulichung der Flamme zu deuten.

Abb. 72. *Itzamná*, der alte Himmelsgott. Dresdner Handschrift 9a, 9b, 5c, 14b.

Nicht ganz so klar und beweiskräftig sind die andern Masken. Die erste (Abb. 65) müßte *Xiuhtecutli*, dem Feuergotte, entsprechen. Es ist ein Gesicht mit großen Augen und breiten Mundwinkeln, in denen, wie es scheint, ein paar Falten sichtbar werden. Ich glaube darin den eingekniffenen Mundwinkel *Itzamná*'s, des Himmelsgottes, des alten Gottes des Lebens, zu erkennen (Abb. 72), der, wie der *Ueueteotl*, der »alte Gott« der Mexikaner, mit dem Feuergotte im Wesen eins ist. Die Maske hat ein Determinativ auf der Stirn, das ich aber nicht deuten kann, und oben das abschließende dreilappige Gebilde.

Die zweite Maske, die *Itztli*, den Steinmessergott, wiedergeben müßte, ist leider ganz zerstört.

Die dritte Maske, die *Piltzintecutli*, dem »Gotte der Fürsten«, d. i. *Tonatiuh*, dem Sonnengotte, entsprechen müßte, ist auch nur im obern Teile erhalten (Abb. 66). Auf der Stirn fällt ein großes, aus drei blattförmigen Gebilden bestehendes Determinativ in die Augen, für das ich aber auch keine Erklärung geben kann. Darüber ist das Haar kräftig herausgearbeitet, das etwas wirr und ausgesprochen flammenartig ist. Darüber folgt aber nicht, wie man erwarten sollte, die Hieroglyphe *kin* »Sonne«, sondern die Hieroglyphe *akbal* »Nacht«. Und dasselbe hieroglyphische Element ist auch auf dem dreilappigen Gebilde, das den obern Abschluß der Maske bildet, zu erkennen. Es scheint, daß der Künstler, anstatt der Sonne des Tages, die wir Menschen sehen, die Sonne der Nacht, die den Unterweltlichen leuchtet, hat darstellen wollen. Von den alten Mexikanern wird berichtet[1], daß sie der Sonne viermal am Tage und fünfmal in der Nacht räucherten. Wenn die Sonne des Morgens aufging, brachten sie ihr Weihrauch, Wachteln (die Abbilder des gestirnten Himmels) und das Blut, das sie sich aus den Ohren oder andern Körperteilen zapften, und beteten: »Die Sonne ist aufgegangen.«, die man *tonametl* (die leuchtende), *xiuhpiltontli* (den Türkisprinzen, d. h. Sohn des Feuergottes) und *quauhtleoamitl* (den aufsteigenden Adler) nannte. »Wir wissen nicht, wie sie ihren Weg vollenden wird, und ob ein Unglück das Volk treffen wird. Herr! Walte in glücklichem Sinne deines Amtes!« Am Anfange der Nacht aber beteten sie: »Der Herr der Nacht«, den man *Youaltecutli* (d. i. »Herr der Nacht«) nennt, »ist aufgegangen, wir wissen nicht, wie er seines Amtes walten und wie er seinen Weg zurücklegen wird.« Auch weiterhin wird in diesem Kapitel *Youaltecutli* »Herr der Nacht« geradezu als Name für die Sonne gebraucht.

Die vierte Maske müßte die des Maisgottes *Cinteotl* sein. Von ihr habe ich nur den kleinen Rest gesehen, den ich in Abb. 67 wiedergegeben habe.

Die fünfte Maske (Abb. 68) stellt *Mictlantecutli*, den Herrn des Totenreiches, vor. Über sie habe ich oben schon gesprochen.

Von der sechsten Maske, der *Chalchiuhtlicue*, die die Göttin des Wassers bezeichnen müßte, sind keine deutbaren Reste vorhanden.

Die siebente Maske (Abb. 69) müßte die der *Tlaçolteotl* sein, der alten Mond- und Erdgöttin, die auch die Herrin der Zeugung und aller Fruchtbarkeit und die Göttin der Geburten ist. Man sieht in der Tat auf der Stirn dieser Maske als Determinativ ein diagonales Kreuz, das in der Dresdner Mayahandschrift überall am Anfange der Hieroglyphengruppen

---

[1] Sahagun, Buch 2, Appendix (Ausgabe Bustamante's, Band I, S. 224).

geschrieben ist, wo das Bild eine Kopulation eines Gottes und einer Göttin darstellt (vgl. Abb. 73 und 74). Dagegen scheinen die andern Besonderheiten, die diese Maske zeigt — der fleischlose knochige Unterkiefer und die Augen, die stark behaarte Lider und statt der Pupille im Dreieck gestellte kleine Punkte aufweisen —, sehr wenig zu dem zu passen, was wir über die alte Mond- und Erdgöttin wissen. Glücklicherweise begegnet

Abb. 73. Der alte Gott (der Mondgott) in Kopulation mit der Göttin. Dresdner Handschrift 21c.

Abb. 74. Der alte Gott (der Mondgott) und der Todesgott in Kopulation mit der Göttin. Dresdner Handschrift 23c.

uns das, was die besondern Züge dieser Maske ausmacht, auch noch an andern Figuren. Auf den Stelen und andern Monumenten des Mayagebiets wird der Anfang der Hieroglyphenreihen durch sechs Hieroglyphenpaare gebildet, die in gleichartiger Weise auf den verschiedenen Monumenten sich wiederholen, und die Maudslay als »Initial series« bezeichnete. Es hat sich nachher herausgestellt, daß dies regelmäßig abgestufte Zahlausdrücke sind. Darunter findet sich auch eine Hieroglyphe, der der Name *tun* zukommt, und die den Zeitraum von 360 Tagen bezeichnet. *Tun* bedeutet »Stein« und wird hieroglyphisch durch ein Bild zur Anschauung gebracht, das auf den Monumenten die Gestalt der Figuren 102—104 (Abb. 76) hat und in ganz verwandten Formen auch in den Handschriften vorkommt. Derselbe Zeitraum von 360 Tagen wird aber auch durch das Element *tun* in Verbindung mit einem Vogel zur Anschauung gebracht

(Fig. 105—107, Abb. 76) oder durch einen Vogel, dessen Unterschnabel die Gestalt eines fleischlosen knochigen Kiefers hat (Fig. 108—123, Abb. 76), endlich durch eine als Skelett gezeichnete ganze Vogelgestalt (Fig. 124 und 125, Abb. 76). In den letzten beiden Fällen hat das Auge genau die Besonderheiten — die stark behaarten Lider und statt

Abb. 75. *Tlaçolteotl*, die »Göttin des Unrats (des Schmutzes, der Sünde)«, die alte Mond- und Erdgöttin, als Herrin des 14. Tageszeichens *ocelotl* »Jaguar«. Codex Borgia 12.

der Pupille drei im Dreieck gestellte kleine schwarze Punkte —, die die Maske (Abb. 69), die siebente der Masken der Reihe der Osthalle des Mittelgebäudes, aufweist. Es ist wohl klar, daß dieser Skelettvogel, zwar nicht ein Bild, aber gewissermaßen eine Hieroglyphe des Totenvogels, der Eule, ist. Das Käuzchen (*chiquàtli*) ist eine bekannte Verkleidung oder Begleiter der *Tlaçolteotl* (vgl. Abb. 75). Das Fest, an dem sie und die ihr verwandten Gestalten, die *Ciuateteô*, zur Erde herabkommen, führt den Namen *uetzi in chiquàtli*, »das Käuzchen fällt herab (kommt herab zur Erde, d. i. wird geboren)«.

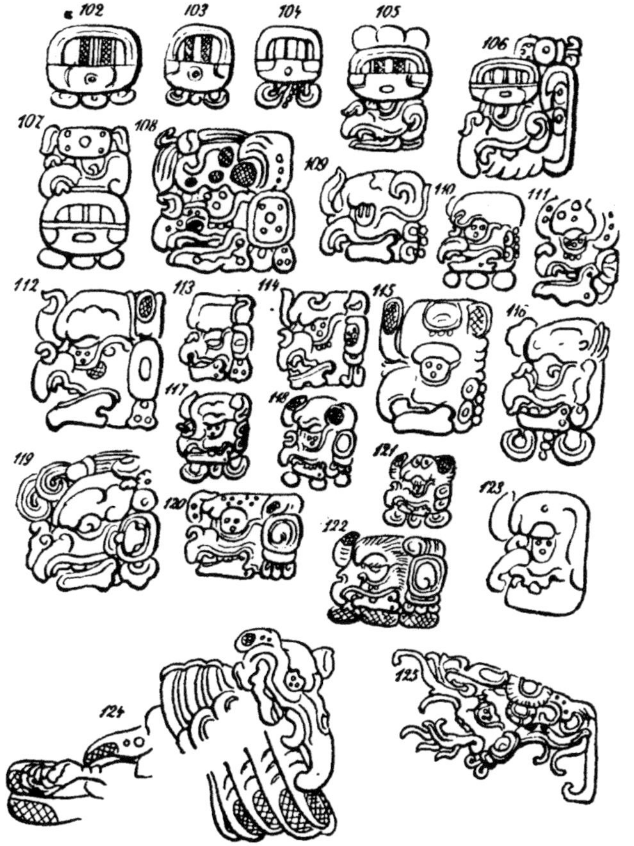

Abb. 76. Hieroglyphe Tun, Dreihundertundsechziger oder Zeiträume von 360 Tagen.

Die achte Maske der Osthalle des Mittelgebäudes des Palastes von Palenque (Abb. 70) müßte, falls meine Vermutung zutrifft, dem achten der neun Herren der Nacht entsprechen, das ist *Tepeyollotl*, das »Herz der Berge«, dessen Stimme man in dem Echo vernahm, der Gott der Höhlen, d. h. der in der Höhle verschlossene Gott, der alte Mond- und Erdgott. An ihn erinnert in der Tat unsere achte Maske (Abb. 70, S. 59) schon durch den deutlich noch zu erkennenden, das Kinn umrahmenden Bart (vgl. Abb. 77).

Aber mehr noch, der alte Mond- und Erdgott wird in dem Mayagebiete, in den Handschriften, wie auf den Monumenten, bald im Schneckengehäuse (Abb. 82), bald im Schildkrötenpanzer (Abb. 81 und 83) dargestellt, und seine Hieroglyphe enthält als wesentliches Element das Zeichen *cauac* (Abb. 78—80, an erster Stelle), das das neunzehnte Tageszeichen ist und dem mexikanischen *quiauitl* »Regen«, dem guatemaltekischen *ayotl* »Schildkröte« entspricht, oder sie enthält statt dessen bald ein Schneckengehäuse

Abb. 77. *Tepeyollotl*, »das Herz der Berge«, der Gott der Höhlen (d. h. der in der Höhle verschlossene Gott, der Mondgott), der achte der neun Herren der Nacht. Codex Borgia 14.

(Abb. 82, erste Hieroglyphe), bald einen Schildkrötenpanzer (Abb. 83, erste Hieroglyphe), bald das Zeichen *tun* »Stein« (Abb. 81, vierte Hieroglyphe). Da ist es denn doch in der Tat höchst auffallend, daß unsere achte Maske (Abb. 70, S. 59) auf der Stirn als Determinativ die herkömmliche Zeichnung der Hautknochenfugung eines Schildkrötenpanzers und über der Stirn das Zeichen *tun* »Stein« enthält. Und ich möchte hier noch nebenbei anmerken, daß diese Zugehörigkeit des Zeichens *tun* zu dem alten Mond- und Erdgotte erst die rechte Erklärung dafür gibt, wie es kam, daß der Zeitraum von 360 Tagen, den die Maya mit dem Namen *tun* bezeichneten, durch einen Vogel dargestellt wird, dessen Besonderheiten denen unserer siebenten Maske (Abb. 69) entsprechen, die ich mit der *Tlaçolteotl*, der alten Mond- und Erdgöttin der Mexikaner, in Parallele zu stellen mich veranlaßt sah.

Abb. 78—80. Der alte kahlköpfige Gott der Maya-Handschriften, der in dem Schneckengehäuse oder in der Schildkrötenschale verschlossene Gott, der Mondgott, und seine Hieroglyphe, die hier das Element *cauac* enthält. Dresdner Handschrift 17 a, 12 a, 4 a.

Abb. 81—83. Der alte kahlköpfige Gott der Maya-Handschriften, der in dem Schneckengehäuse oder in der Schildkrötenschale verschlossene Gott, der Mondgott, und seine Hieroglyphe, die hier im ersten Falle (Abb. 81) das Zeichen *tun*, im zweiten (Abb. 82) das Schneckengehäuse, im dritten (Abb. 83) die Schildkrötenschale enthält. Dresdner Handschrift 37 a. 41 b, 60 a.

Es ist traurig, daß von der neunten Maske, die *Tlaloc*, dem mexikanischen Regengotte, gleich zu setzen wäre, keine deutliche Spur mehr vorhanden ist. Wir würden hier das erste Bild des Regengottes der Mayastämme haben, das mit einer jeden Zweifel ausschließenden Sicherheit als solches zu bezeichnen wäre. — Die ganze Reihe der Beziehungen aber, die ich auf den vorstehenden Seiten herauszustellen mich bemühte, wird, wie ich meine, bei dem unbefangenen Leser doch den Eindruck hinterlassen müssen, daß ich diese neun Masken der Hinterwand der Osthalle des Mittelgebäudes von Palenque mit Recht den neun Herren der Stunden der Nacht, den Herren der neun Stationen der Unterwelt, gleichsetze und dieses Haus, dessen besonders festen Bau Maudslay rühmend hervorhebt, im Goetheschen Sinne als »das feste Haus« bezeichne und den Mächten der Erde und der Unterwelt geweiht betrachte, die die fünfte, die mittlere, Region, den *tlalxicco*, den »Nabel der Erde«, darstellen. Ich gehe wohl nicht fehl, wenn ich den weitern Schluß mache, daß dies Mittelgebäude das wichtigste der sämtlichen die Nordhälfte des Palastmassivs von Palenque einnehmenden Bauten war.

Ich habe oben gesagt, daß die Gebäude der Nordhälfte des Palastmassivs schon durch den Umstand, daß sie außerhalb der Mündungen der an der Südseite des Massivs heraufführenden unterirdischen Gänge sich befinden, sich als neueren Ursprungs kennzeichnen. Und das gibt sich auch durch den Charakter der Stuckreliefe kund, die die Außenfronten dieser Gebäude schmückten, und die den Palenquestil in seiner vollen Entwicklung zeigen — die etwas barock anmutenden Figuren mit den langen verdrückten Köpfen, der fliehenden Stirn, dem überladenen Schmuck und der Häufung von Trachtabzeichen und Symbolen, die uns genau ebenso in den Stuckverzierungen der Außenseiten der Pfeiler der beiden Kreuztempel, des sogenannten Sonnentempels und des Inschriftentempels, entgegentritt —, Kunstschöpfungen, die offenbar einem späten Stande der Entwicklung entsprechen.

9 große Perioden von 20 · 20 · 360 Tagen.

8 *katun* (oder Zeiträume von 20 · 360 Tagen).

9 *tun* (oder Zeiträume von 360 Tagen).

13 *uinal* (oder Zeiträume von 20 Tagen).

0 *kin* (Einzeltage).

8 *ahau*.

13 *pop*.

Abb. 84. Initial Series der Palasttreppe von Palenque.

Der gleichen späten Zeit gehören wahrscheinlich auch die sechs Reihen schön und scharf geschnittener Hieroglyphen an, die an der Ostseite des Mittelgebäudes die Ober- und die Vorderseite von drei Stufen der Treppe bedecken, die dort von dem Osthofe zur Osthalle dieses Gebäudes emporführt (vgl. Taf. XVI). Da diese Hieroglyphentreppe mit einer Initial Series beginnt, die den Abstand vom Urdatum *4 ahau 8 cumku* angibt, so können wir, wie es scheint, die Entstehung dieser der Nordhälfte des Palastmassivs angehörenden Gruppe von Gebäuden zeitlich in die der andern großen Monumente einreihen. Die ganzen Vorderseiten dieser Hieroglyphentreppe habe ich nach einer Malerschen Photographie auf Taf. XIII und die Initial Series, nach Maudslay, in Abb. 84 wiedergeben lassen, indem ich die Lesung der Serie, wie ich sie seinerzeit fest gestellt habe[1], daneben angegeben habe. — Man sieht, daß diese Inschrift, von der wir annehmen müssen, daß sie sich auf die Gebäude dieser Nordhälfte des Palastes bezieht, diese Bauten mit dem Tage *8 ahau*, der der 13. Tag des *Uinal*-s *pop* ist, verknüpft. Das ist ein Tag, der um etwas über 3718 Jahre von 365 Tagen von dem Anfangs- und Normaldatum *4 ahau 8 cumku* absteht. Das Datum des ältesten der bekannten größern Monumente steht um 3570 Jahre, das mit Sicherheit bisher als jüngstes erkannte Datum, das der zweiten der von mir und meiner Frau aus *Sacchaná* im Distrikte Nenton der Republik Guatemala mitgebrachten Stelen, um 3994 Jahre von dem Anfangsdatum ab. Demnach würden diese jüngeren Bauten der Nordhälfte des Palastes von Palenque in die erste Hälfte der 424 Jahre umfassenden Periode größerer architektonischer Tätigkeit fallen und der Stele *P* von *Copan* zeitlich am nächsten stehen. Es ist beachtenswert, daß gerade diese Stele durch reichere

9 große Perioden von 20 · 20 · 360 Tagen.

9 *katun* (oder Zeiträume von 20 · 360 Tagen).

13 *tun* (oder Zeiträume von 360 Tagen).

0 *uinal* (oder Zeiträume von 20 Tagen).

0 *kin* (Einzeltage).

3 ahau.

[*3 xma kaba kin.*] (Fehlt)

Abb. 85. Initial Series der Stele *P* von *Copan*.

[1] Vgl. meine »Gesammelten Abhandlungen« Band I. Berlin 1902. S. 771 und 772.

Ausführung der Hieroglyphen sich auszeichnet, und daß auch die Zeichnung der Hieroglyphen etwas an den Stil von Palenque erinnert (Abb. 85).

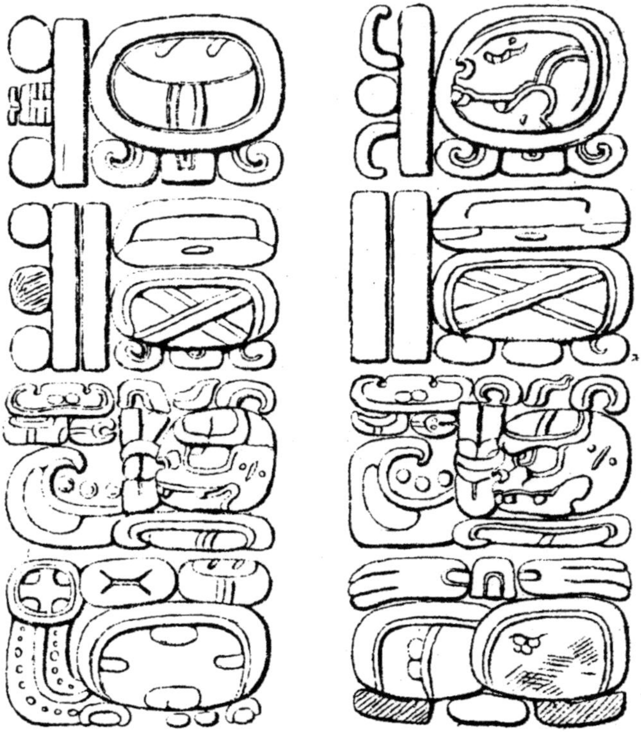

Abb. 86, 87. Palenque, Palacio. Ostgebäude (Haus *A*, Maudslay), Westfront. Hieroglypheninschriften auf der nördlichen und der südlichen Wange der Treppe, die zu dem großen Nordosthofe hinabführt. (Maudslay IV, Pl. 12a.)

Ich habe, ehe ich weitergehe, noch der viel abgebildeten Steinplatten mit Reliefiguren zu gedenken, die an den Hofseiten des Ost- und des Mittelgebäudes des Palastes als Treppenwangen oder neben den Treppenwangen angebracht sind (Taf. XIV und XV). Diese Reliefe stellen mit der Schambinde der Männer bekleidete, kniende Gestalten dar und sind in der Unterwürfigkeitshaltung abgebildet, auf die ich S. 16 oben schon einmal Bezug genommen habe, mit der einen gegen die Schulter der andern Seite zurückgenommenen Hand; sie werden also Adoranten, Gefangene oder Opfer vorstellen. Bei den Figuren, die an der Treppe der Westseite des Ostgebäudes die Wangen bilden, ist auf den vorn herabhängenden Enden der Schambinde je eine kurze hieroglyphische Inschrift angebracht, deren Zeichen in beiden Fällen gleich-, d. h. mit ihrer Vorderseite nach links, gerichtet sind.

Abb. 88. Das Mumienbündel des toten Kriegers. Codex Magliabecchiano XIII, 3. fol. 72.

Die Inschrift an der Nordseite der Treppe (Abb. 86) beginnt mit dem Datum 7 *been*, 12 *uo*, die an der Südseite (Abb. 87) mit dem Datum 6 *eb*, 10 *uo*. Die dritte Hieroglyphe ist in beiden Inschriften dieselbe. Ihr Hauptbestandteil ist ein Schädel mit dem Zeichen *cimi* »Tod« auf der Schläfe, von dem Flammen nach oben strahlen, während vor der Nasenöffnung eine Schleife mit nach oben gerichteten Enden angebracht ist. Diese Schleife erinnert in auffälliger Weise an den Nasenschmuck blauer Farbe, mit dem in den mexikanischen Bilderschriften die Nasenflügel der Figuren oder Masken ausgestattet werden, die die Seele des toten Kriegers darzustellen bestimmt sind (vgl. Abb. 88 und 89). Nur ist die Gestalt dieses Schmuckes, wie er in den mexikanischen Bilderschriften erscheint, nicht mehr verständlich, hier in der Mayahieroglyphe aber in seinem Ursprunge deutlich.

Es ist die Schleife, mit der die Lippen des mumifizierten Kopfes des erschlagenen Feindes zusammengezogen werden, den der Sieger beim Tanze in der Hand oder irgendwie auf dem Rücken oder an seiner Kleidung befestigt trägt. Das ist, wie bekannt, noch heute der Brauch bei den *Munduruců* des Tapajoz und den *Jivaro* der Grenzgebiete von Ecuador und war auch bei den alten Bewohnern der Gegend von *Nasca* an der peruanischen Küste üblich, wie das Köpfe beweisen, die Herr Gaffron aus Gräbern dieses Gebiets erhalten hat. Diese Hieroglyphe bestärkt mich

Abb. 89. Kriegertotenschmuck: — *xiuhuitzolli*, Kopfbinde aus Türkismosaik; ***xiuhnacochtli***, blauer Ohrpflock; ***yacaxiuitl***, blauer Nasenpflock; ***amaneapanalli***, Schulterbinde aus Rindenpapier; ***xolocozcatl***, der auf der Brust getragene blaue Hund. Codex Borbonicus 9.

in der Annahme, daß diese in Unterwürfigkeitshaltung dargestellten Relieffiguren von Palenque gefangene Feinde oder geradezu geopferte Krieger darstellen sollen. Und man mag als weitern Hinweis darauf auch die vierte Hieroglyphe der Inschrift links vom Beschauer (Abb. 86) heranziehen, denn diese enthält in der Tat vorn ein Element, das wir schon aus der Hieroglyphe des Sterngottes des Nordens, der ja die Seele des toten Kriegers ist, kennen (vgl. oben S. 21 und 34, Abb. 10 und 26), und ferner ein Element, das als Begleithieroglyphe des Sonnengottes auftritt, die Gruppe ***been-ix*** oder ***been-kak***, wie sie richtiger genannt wird, die ich schon längst als Sieg oder Eroberung bezeichnend zu deuten mich veranlaßt sah[1]. Die Seelen der toten Krieger haben im Norden ihre Heimat, kommen aber, die Sonne zu empfangen, wenn sie im Osten aufgeht, und sie zum Zenite

[1] Vgl. meinen Kommentar zum Codex Borgia, Band I, S. 317, und meine »Gesammelten Abhandlungen«, Band I, S. 486 und Band III, S. 649, 650 und 721.

zu geleiten. Wenn die genannten Relieffiguren von Palenque, wie es nach dem Obigen sehr wahrscheinlich ist, gefangene oder geopferte Krieger darstellen, so hätten darnach diese Reliefplatten an dem Ostgebäude, der Ostseite des Osthofes, ihren richtigen Platz. Weniger scheint das der Fall zu sein bei den mit ähnlichen Reliefen geschmückten Steinplatten an der Westseite des Hofes, der Basis der Ostfront des Mittelgebäudes. Es sei denn, daß man annimmt, daß der ganze Osthof gewissermaßen zu dem Ostgebäude gehörte.

Auf diese besondere Bedeutung des Ostgebäudes, auf die die genannten Relieffiguren hinweisen, beziehen sich vielleicht auch die beiden Hiero-

Abb. 90. Palenque, Palacio. Ostgebäude. Nördliches der beiden Hieroglyphenpaare auf dem Friese der Westfront. (Maudslay IV, Pl. 12 b.)

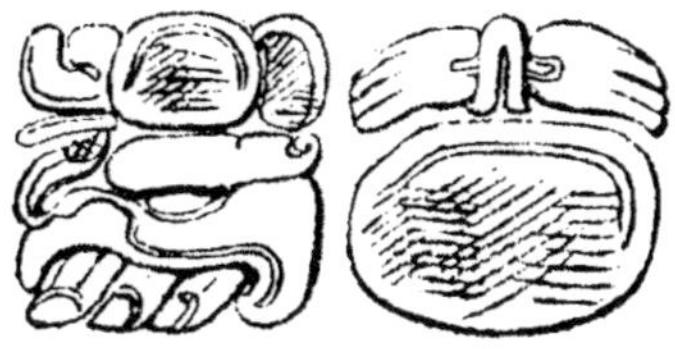

Abb. 91. Palenque, Palacio. Ostgebäude. Südliches der beiden Hieroglyphenpaare auf dem Friese der Westfront. (Maudslay IV, Pl. 12 b.)

glyphenpaare (Abb. 90 und 91), die gerade oberhalb der Mitteltüre auf dem Friese der Westseite des Ostgebäudes angebracht sind. Die zweite Hieroglyphe des ersten Paares stellt das Gesicht des Sonnengottes, die erste Hieroglyphe des zweiten Paares die Hieroglyphe des *moan*-Vogels dar, der eine mythische Konzeption der Wolkenbedeckung des Himmels ist[1].

An dem Mittelgebäude sind an der Ost- und der Westseite auf den kassettenartigen Vertiefungen zwischen den mit den Relieffiguren geschmückten Pfeilern der Basis Gruppen mit vier bzw. sechs Hieroglyphen angebracht, die von Maudslay in guten Zeichnungen wiedergegeben sind, über die ich aber Näheres anzugeben nicht imstande bin.

Die bisher beschriebenen Gebäude, die sich um die beiden die Nordhälfte des Palastmassivs einnehmenden Höfe gruppieren — der in seinem größten Teile abgestürzte Nordbau, das Ostgebäude (Haus *A* Maudslay's), das Mittelgebäude (Haus *C* Maudslay's) und das Westgebäude (Haus *D* Maudslay's) —, sind auf Terrassen gleicher Höhe erbaut und ähneln sich

[1] Vgl. meine »Gesammelten Abhandlungen« Band I, S. 497.

in ihrem Charakter, sie werden im großen und ganzen in derselben Zeit entstanden sein. Als etwas älter dürfen wir das Haus annehmen, das die Südseite des Osthofes nahezu in seiner ganzen Breite einnimmt und auf einer niedrigeren Terrasse steht, zu der von dem Hofe sieben Stufen empor-

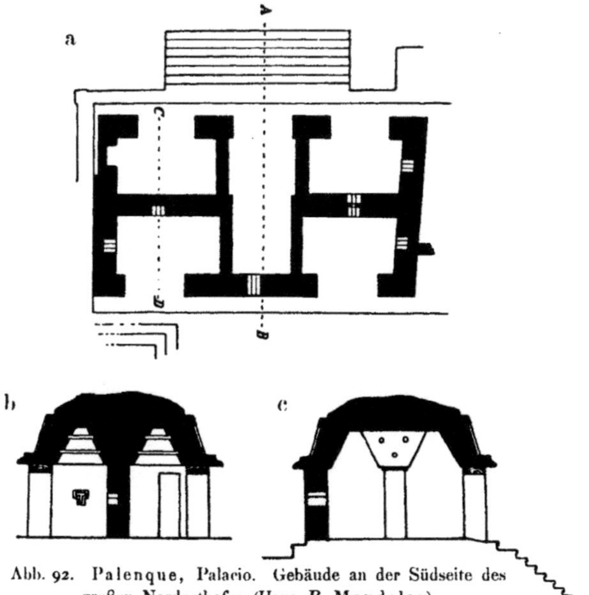

Abb. 92. Palenque, Palacio. Gebäude an der Südseite des großen Nordosthofes (Haus *B*, Maudslay).
a. Grundriß; — b. senkrechter Durchschnitt durch das südwestliche und das nordwestliche Eckzimmer in der Linie D—C; — c. senkrechter Durchschnitt durch das große Mittelzimmer in der Richtung B—A.
(Nach Maudslay IV, Pl. 15.)

führen. Maudslay bezeichnet dieses Gebäude als das Haus *B*. Die Anlage dieses Baues ist etwas abweichend von der gewöhnlichen. Es ist natürlich (vgl. Abb. 92 *b*, *c*) auch ein Doppelgewölbe, gleich den zuvor besprochenen Gebäuden, aber ostwestlich orientiert. Die Mittelwand aber, an die sich im Norden und im Süden die beiden Längshallen lehnen, ist in der Mitte durch eine breite Öffnung durchbrochen, die oben durch ein kurzes, nordsüdlich orientiertes, trapezoidales Quergewölbe geschlossen ist. Indem nun zu den beiden Seiten dieser Öffnung in den beiden Galerien, von der einen Außenwand zur andern, Quermauern gezogen wurden, ist der ganze Raum in einen großen nordsüdlich orientierten Mittelsaal und vier die Ecken einnehmende Gemächer geschieden. Dem Mittelsaale hat man eine Türe nach Norden und den vier Eckgemächern je eine andere gegeben, die die Außenwand des Gemachs durchbricht, eine Raumverteilung, die in dieser Art nirgend anderswo beobachtet worden ist. Eine Besonderheit dieses Baues bilden noch die großen Schnurlöcher in den Verschlußplatten der Gewölbe. Solche sieht man in dem Mittelsaale in den beiden ostwestlich orientierten Längsgewölben je drei (eins in der Mitte und je eins an den beiden Enden), in dem verbindenden Quergewölbe eins in der Mitte, in jeder der hinteren (südlichen) Eckzellen je vier, in den beiden vorderen (nördlichen) Eckzellen je drei.

Dieses Haus stimmt mit den andern zuvor beschriebenen darin überein, daß auf den Pfeilern seiner Außenseite — als solche gilt hier natürlich die dem Norden, dem Osthofe, zugekehrte Seite — Stuckreliefe angebracht sind, die innerhalb eines hier allerdings viel einfacher gehaltenen Rahmens menschliche Figuren in reichem Schmucke, auf Masken stehend, zeigen. Die Figur auf dem westlichsten Pfeiler unterscheidet sich von den andern durch einen deutlichen Bart. Ein Stuckrelief befand sich auch in der nordwestlichen Eckzelle an dem linken (westlichen) Türpfeiler, und zwar an die hintere Kante geklebt, so daß man den Eindruck hat, als hätte es sich auf die Innenseite der Vorderwand fortgesetzt.

Auf der Hinterseite (der Südseite) dieses Baues sind die Außenwände glatt, ohne Stuckrelief. Wohl aber befinden sich Stuckreliefe — bis auf den Boden reichende stehende Figuren — auf den Türpfeilern der südwestlichen Eckzelle. In beiden Eckzimmern dieser Seite war außerdem die Hinterwand, die Mittelwand des Baues, mit in Stuck gearbeiteten und bemalten Verzierungen versehen, die in beiden Zimmern an das die Mittelwand durchbrechende Fenster, das die Gestalt eines griechischen Tau's hat, sich schließen, gewissermaßen eine Umrahmung dieses Taufensters darstellen.

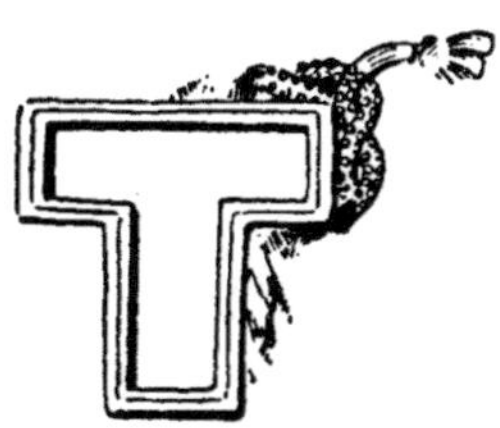

Abb. 93. Palenque, Palacio. Gebäude an der Südseite des großen Nordosthofes (Haus *B*, Maudslay). Taufenster an der Hinterwand des südwestlichen Eckzimmers. (Nach einer Zeichnung des Verfassers.)

In dem südwestlichen Zimmer ist diese Stuckverzierung allerdings stark zerstört. Man erkennt in der Mitte der Hinterwand unter dem Taufenster etwas wie eine große En-face-Maske viereckigen Umrisses, an der sich links und rechts im Profil gezeichnete phantastische Schlangenrachen schließen (Abb. 94). Zu den Seiten des Taufensters ist heute nur noch etwas wie zwei miteinander verschlungene blaue, mit Perlen besetzte Schnüre zu sehen (Abb. 93), die das Fenster unmittelbar umrahmen, und dahinter Reste zweier stehender Figuren, die, wie es scheint, Gaben bringen. Ich besitze aber die Pause einer Zeichnung, von der ich leider nicht weiß, woher sie stammt, und von der ich mir auch nicht notiert habe, von wem

Abb. 94. Palenque, Palacio. Gebäude an der Südseite des großen Nordosthofes (Haus *B*, Maudslay). Stuckverzierung an dem unteren Teile der Hinterwand des südwestlichen Eckzimmers.
(Nach einer Zeichnung des Verfassers.)

ich sie erhalten habe. Diese Pause, die hier in Abb. 95 wiedergegeben ist, zeigt offenbar das Relief der Hinterwand dieses Zimmers noch in voller Erhaltung und ist kopiert von dem Stifte eines der Kunst wohl kundigen Zeichners. Nur hat der Künstler die beiden Profilköpfe unten links und rechts von der Mittelfigur vollständig mißverstanden und sie in ein wirres Durcheinander von Blatt- und Pflanzenornamenten aufgelöst. Aber man kann annehmen, daß, abgesehen von dem Kopfschmucke, den der Künstler nicht verstand, die menschlichen Figuren richtig wiedergegeben sind, und somit auch die ganze Handlung dem entspricht, was das Relief wirklich darstellen sollte. Diese Zeichnung, die aus alter Zeit stammen muß — vielleicht ist es eine der Biasconischen Zeichnungen des British Museums, was ich jetzt nicht feststellen kann —, ist daher ein wichtiges Dokument.

An der Hinterwand des südöstlichen Eckzimmers hat der Kalksinter, der aus dem in der nassen Jahreszeit durch die Spalten des Daches dringenden und an den Mauern herabrieselnden Wasser sich absetzt, das Relief, das sich dort befand, geschützt, das nun nach Entfernung des Sinters nahezu intakt und in seiner vollen farbigen Pracht zum Vorschein gekommen ist. Maudslay gibt auf der Taf. 18 des IX. Bandes seines großen Werkes dies Relief in Farben wieder. Nach dieser Wiedergabe ist hier die Abb. 96 gezeichnet. Die wirkliche Wanddurchbrechung in Gestalt eines griechischen Tau's (Abb. 96 rechts vom Beschauer), die allerdings

Abb. 95. Palenque, Palacio. Fünfzimmriges Gebäude an der Südseite des Nordosthofes (Haus *B*, Maudslay).
Alte Zeichnung des Stuckreliefs der Hinterwand des südwestlichen Eckzimmers.

durch eine dünne Wand in eine Nische umgewandelt ist, ist hier mit einem nur durch farbige Stuckumrahmung angedeuteten Taufenster (Abb. 96 links vom Beschauer) verbunden. Diese beiden Tau stehen nun wie die Augen eines En-face-Gesichtes nebeneinander und werden durch ein darunter angegebenes, jederseits in einen Mäanderwickel endendes Stufenmuster zu einer Art Regengottgesicht ergänzt. Das Tau als Auge ist aus der Hieroglyphe des Regengottes der Mayahandschriften bekannt (vgl. Abb. 97a und 97b die erste Hieroglyphe und die zweite Hieroglyphe von Abb. 97c). Dem oberen Rande dieser beiden Tau ist ein Schmuckstück wie eine Art Augenbraue aufgesetzt, und zu den Seiten und ebenso von dem äußeren Rande des Mäanderwickels strahlt je ein mit Kreuzbändern und Spiegeln erfüllter, in dreiteilige, flammenartige Gebilde endender Streifen heraus, der einigen der als Halsschmuck getragenen Gebilde, die ich oben (S. 44—46) besprochen und in Abb. 42—47 wiedergegeben habe, ähnelt und wohl, gleich diesen, als Flammenstreifen zu deuten ist (vgl. auch oben S. 54, Abb. 60). Maudslay hat den Körper dieser Streifen mit roter, die

Abb. 96. Palenque, Palacio. Bau an der Südseite des großen Nordosthofes (Haus *B*, Maudslay). Stuckverzierung an der Hinterwand des südöstlichen Eckzimmers. (Nach Maudslay IV, Pl. 18.)

Kreuzbänder und die Spiegel sowie den äußeren Rand und die Endausstrahlungen mit blauer Farbe wiedergegeben. Nach meinen Notizen sind sowohl Kreuzbänder und Spiegel wie die Endausstrahlungen gelb. Auf den augenbrauenartigen Gebilden über den beiden Tau und auf den beiden Feuerstreifen, die von dem äußeren Rande der Mäanderwickel ausstrahlen, steht je ein reiherartiger Vogel, dessen Hals und Leib mit blauer, die Bauchseite beider mit roter Farbe angegeben ist, und dessen Flügel von je einem goldenen Schmuckstücke, einer Art Schellenring, gebildet werden. Auf dem Ende der beiden Mäanderwickel endlich steht ein kleines Tau, das gleichfalls von einem augenbrauenartigen Gebilde gekrönt ist.

Die übrige Masse der Gebäude gehört der hintern (südlichen) Hälfte der obern Plattform des Palastmassivs an. Daß sie die ältern Bauwerke sind, geht schon aus dem Zustande starken Verfalls, in dem die meisten von ihnen sich befinden, hervor. Von den Gebäuden, die auf dem östlichen und dem westlichen Rande sich erhoben, steht fast nichts mehr aufrecht. Auf dem Südrande sind die nördlichen Hälften zweier Doppelgalerien noch

a b c d

Abb. 97. *Chac*, der Regengott der Mayahandschriften.
a. Dresdner Handschrift 10b.
b. " " 11c.
c. " " 4a.
d. " " 13a.

erhalten, die Maudslay mit den Buchstaben *G* und *H* bezeichnet. Ihre Enden sind abgewalmt und auf den Innenseiten kassettiert. Ihre Gewölbteile waren durch kurze Quergewölbe, die aber nachher vermauert worden sind, miteinander in Verbindung gesetzt. Die Wände sind unverziert. An der Ostwand des westlichen dieser Gebäude steht ein Steintisch, wie solche in dem Subterraneum mehrere sich finden. An dem Westende desselben Hauses ist durch eine Quermauer ein besonderes Gemach abgeschlagen worden, das von der Südhalle aus betretbar ist. In diesem Gemache mündet der zweite der winklig gebrochenen unterirdischen Gänge, die von den tiefer gelegenen, halb in den Berg hineingebauten Galerien der Südseite heraufführen.

In noch verfallnerem Zustande befindet sich das Gebäude, das vor der Nordseite der eben von mir beschriebenen Westhälfte des Südbaues sich erstreckt, das Maudslay mit dem Buchstaben *J* bezeichnet. Es war eine einfache Halle, keine Doppelgalerie. An der Innenseite der östlichen Giebelwand finden sich noch interessante Reste eines Torbogenreliefs, auf die ich unten noch zu sprechen kommen werde.

In gleicher Weise stark zerfallen sind auch die Gebäude, die Maudslay mit dem Buchstaben *F* bezeichnet. Sie nehmen die Mitte des Osthofs dieser Südhälfte des Palastmassivs ein. Das westliche dieser Gebäude ist dadurch merkwürdig, daß die Fenster und Nischen hier nicht, wie bei den andern Gebäuden, die Gestalt eines griechischen Tau's, sondern die eines Kreuzes mit gleichen Schenkeln haben. An die Westseite der Mittelwand dieses Gebäudes ist in späterer Zeit eine kleine Cella angebaut worden.

In der Mitte des ganzen Massivs, nahe der südlichen Begrenzung des Hofes, der das mittlere und das westliche der jüngeren Gebäude der Nordhälfte des Berges trennt, erhebt sich ein Turm, der aus einem Untersatze, einem Erdgeschosse und zwei nach oben sich verjüngenden, mit Gurt- und Hauptgesimse versehenen Stockwerken besteht, und in dessen Kerne eine Steintreppe in verschiedenen Absätzen zur Höhe führt. Neben diesem Turme, und zwar östlich von ihm, ungefähr in der Mitte der ganzen von den Baulichkeiten des Palastes bedeckten Fläche, tritt ein verhältnismäßig noch gut erhaltenes Gebäude mit seinen Giebelwänden nahe an den großen Nordosthof, an dessen südwestlichen Winkel, heran (vgl. Taf. XVI). Maudslay bezeichnet dieses Gebäude als das Haus *E*. Die Terrasse, auf der dies Haus steht, ist beträchtlich niedriger als die der andern den Hof umgebenden Gebäude. Die Terrassen der benachbarten Gebäude, der Osthalle des Hauses *C*, des mittleren der drei nordsüdlich gerichteten Gebäude der Nordhälfte des Palastkomplexes, und auch die des Hauses *B*, setzen mit ihrem Mauerwerke an den Außenwänden des Hauses *E* an. Das Haus *E* ist darnach älter als diese anstoßenden Gebäude. Dieses alte Haus weicht auch in seiner Form von den andern ab, indem der Fries, der über dem mächtigen vorkragenden Gesimse aufsteigt, nur ganz schwach nach hinten geneigt ist, nahezu senkrecht erscheint. Im Innern dieses Hauses, nahe seinem südlichen Ende, mündet der erste (östlichste) der drei winklig gebrochenen unterirdischen Gänge, die von den tiefer gelegenen Gebäuden der Südseite zur Höhe emporführen. Dies ist das Haus, in dem ich die Malereien fand, die ich in der Einleitung erwähnt habe.

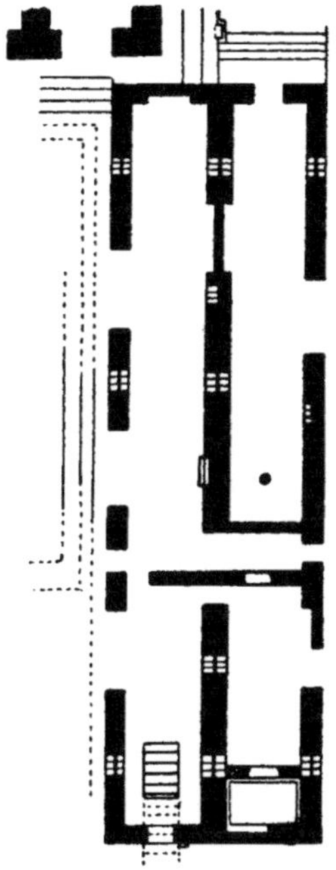

Abb. 98. Palenque, Palacio. Alter Bau mit den Malereien (Haus *E*, Maudslay). Grundriß. (Nach Maudslay IV, Pl. 41.)

Abb. 99. Palenque, Palacio. Alter Bau mit den Malereien (Haus *E*, Maudslay). Senkrechter Durchschnitt am südlichen Ende, in der Richtung Ost-West. (Nach Maudslay IV, Pl. 41.)

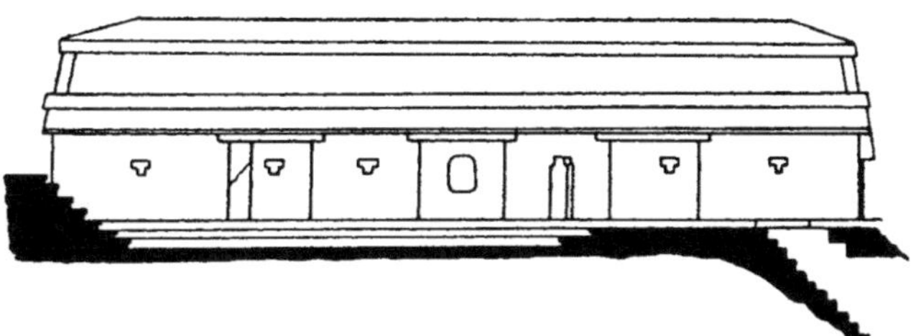

Abb. 100. Palenque, Palacio. Alter Bau mit den Malereien (Haus *E*, Maudslay). Außenwand der Westhalle. (Nach Maudslay IV, Pl. 41.)

Dieses alte Haus mit den Malereien, Maudslay's Haus *E*, ist eine Doppelgalerie, wie die meisten übrigen Gebäude (vgl. Abb. 98—100). Die Gewölbe sind trapezförmig und nordsüdlich orientiert, die Enden sind abgewalmt. Die Mittelwand ist von zwei breiten Türöffnungen durchbrochen, deren Oberschwellen von einer Steinplatte gebildet sind. Die nördliche dieser beiden Türen ist später vermauert worden. Von den Außenwänden hat die östliche zwei, die westliche drei Türöffnungen, die oben durch eine Balkenlage geschlossen waren. Schmälere, ebenfalls durch Balken überdeckte Türen durchbrechen die vorderen (nördlichen) Giebelwände. Noch schmälere, niedrige, nach oben sich verjüngende Türen finden sich, einander gegenüber, in den Außenwänden, ungefähr in der Mitte des Gebäudes. Sie haben steinerne Oberschwellen. Vor der der östlichen Außenwand grenzt eine später eingezogene, bis zum Gewölbschlusse emporgeführte Mauer den nördlichen Teil der Osthalle von dem dahinter folgenden ab. Hinter ihnen geht eine niedrige Mauer, zweifellos späteren Ursprungs, quer durch das ganze Gebäude. Eine ähnliche kleine, nach oben sich verjüngende, durch eine Steinplatte überdeckte Türe findet sich in der hintern (südlichen) Giebelwand der Westhalle, gerade hinter der durch eine Steinplatte geschlossenen Öffnung im Boden, durch die man in das Subterraneum gelangt. An der Türe in der hinteren (südlichen) Giebelwand der Osthalle scheint verschiedentlich herumgebastelt worden zu sein. Wir finden hier eine breite steinerne Oberschwelle und darunter, vorn, einen Deckbalken. Die Türöffnung aber ist durch eine unten zwei Steine, oben einen Stein starke spätere Mauer geschlossen. Vor dieser Türe steht ein Steintisch, auf vier niedrigen plattenförmigen Füßen, der nahezu die ganze Breite der Halle einnimmt.

Die Mittelwand hat fünf fensterartige Durchbrechungen in Gestalt eines griechischen Taus, die aber durch eine dünne Wand in der Mitte in zwei Nischen zerlegt sind. Gegenüber den Fenstern bzw. Nischen der Mittelwand befinden sich Fenster von Taugestalt auch in den Außenwänden, aber nur drei statt fünf, da zwei Taufenstern der Mittelwand Türöffnungen in den Außenwänden entsprechen.

In dem nördlichen Teile der Osthalle, der durch eine bis zum Gewölbschlusse gehende Mauer von dem dahinterfolgenden Teile der Halle abgegrenzt ist, findet sich eine kleine runde Steinplatte im Boden und genau darüber in dem Schlußsteine des Gewölbes ein großes Schnurloch.

Wir haben solche Schnurlöcher an der gleichen Stelle auch in dem Mittelsaale des Hauses *B* getroffen.

Dieses Haus *E* muß schon seiner Lage halber — in der Mitte des Baugrundes und auf einer niedrigeren Terrasse — sowie der Besonderheiten seiner Form wegen und weil in ihm einer der winklig gebrochenen unterirdischen Gänge mündet, die von der Südseite des Berges heraufführen, als eines der ältesten Gebäude des großen Komplexes bezeichnet werden, der unter dem Namen »Palast« bekannt ist. Tatsächlich setzen ja auch, wie ich oben schon angab, die Fundamente der anstoßenden Gebäude mit ihrem Mauerwerke an die Außenwände dieses Hauses an. Diesem alten Gebäude fehlen deshalb die reichen, aber stereotypen, in Stuck ausgeführten Verzierungen, die wir bei den jüngern Gebäuden der Nordhälfte des Palastmassivs kennengelernt haben, die reichgeschmückten überlebensgroßen Figuren, in künstlichen, mit Zeichen und Symbolen erfüllten und von Hieroglyphen begleiteten viereckigen Rahmen auf der Außenseite der Wandpfeiler. Spuren von Umrahmungen der Taufenster finden sich, die an die erinnern, die ich aus den beiden südlichen Zimmern des Hauses *B*, das die Südseite des großen Nordosthofes einnimmt, abgebildet und beschrieben habe. Sonst ist von Stuckreliefen nur eins vorhanden. Dieses aber ist von besonderer Bedeutung. Es findet sich auf der Innenseite der nördlichen Giebelwand der Osthalle und umrahmt die Tür, die dort nach dem großen Nordosthof sich öffnet (Taf. XVII und Abb. 101 *a* — *c*).

Dieses Relief ist eine interessante Parallele zu der prachtvollen Schnitzerei auf der ersten der Cedrelaholzplatten von *Tikal*, die durch den Botaniker Bernouilli in das ethnographische Museum von Basel gelangt sind (Abb. 102a — c). Auf dieser Platte, die ich schon in frühern Aufsätzen behandelt habe[1], sehen wir eine reichgeschmückte Figur, deren Gesicht aus einer Art Krokodilrachen hervorsieht, der wiederum von dem offenen Rachen des *xiuhcouatl*, der Türkismosaikschlange mit dem winklig eingebogenen Schnauzenende, überragt wird. Die Figur trägt auf dem linken Arme einen kleinen Schild, auf dem eine Form des Zeichens *cimi* »Tod« sichtbar wird, und hält in der rechten Hand einen Stab. Über die Figur selbst will ich hier nichts weiter sagen. Was uns in dem Augenblick interessiert, ist der Hintergrund, von dem diese Figur sich abhebt. Dieser

[1] Vgl. meine »Gesammelten Abhandlungen« Band I. Berlin 1902. S. 837 ff.

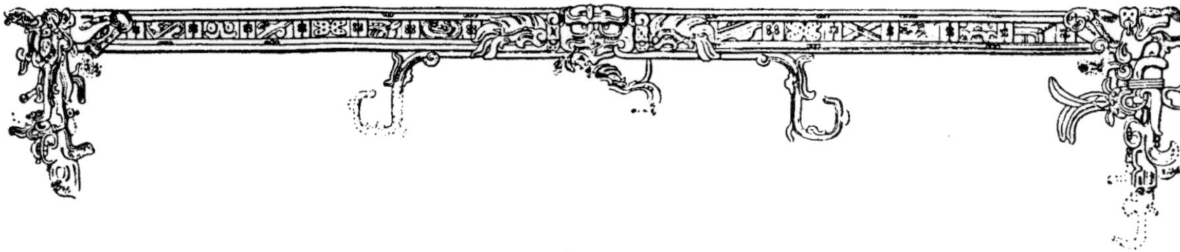

a

b

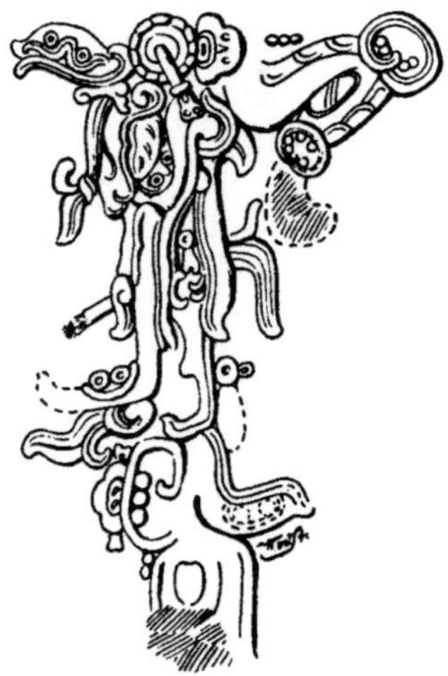

c

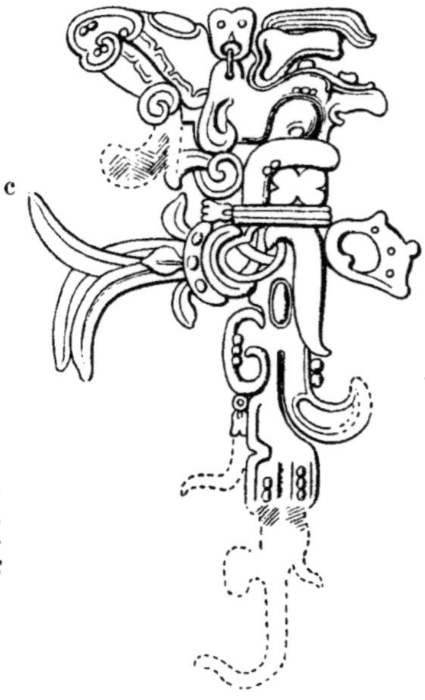

Abb. 101 a—c. Palenque, Palacio. Himmelsschildstreifen mit Drachen- oder ***Ah bolon tz'acab***-Köpfen an den Enden. Stuckrelief auf der Nordwand der Osthalle des alten Hauses mit den Malereien (Haus *E* Maudslay's)

Nach Maudslay IV, Pl. 43 (verbessert).

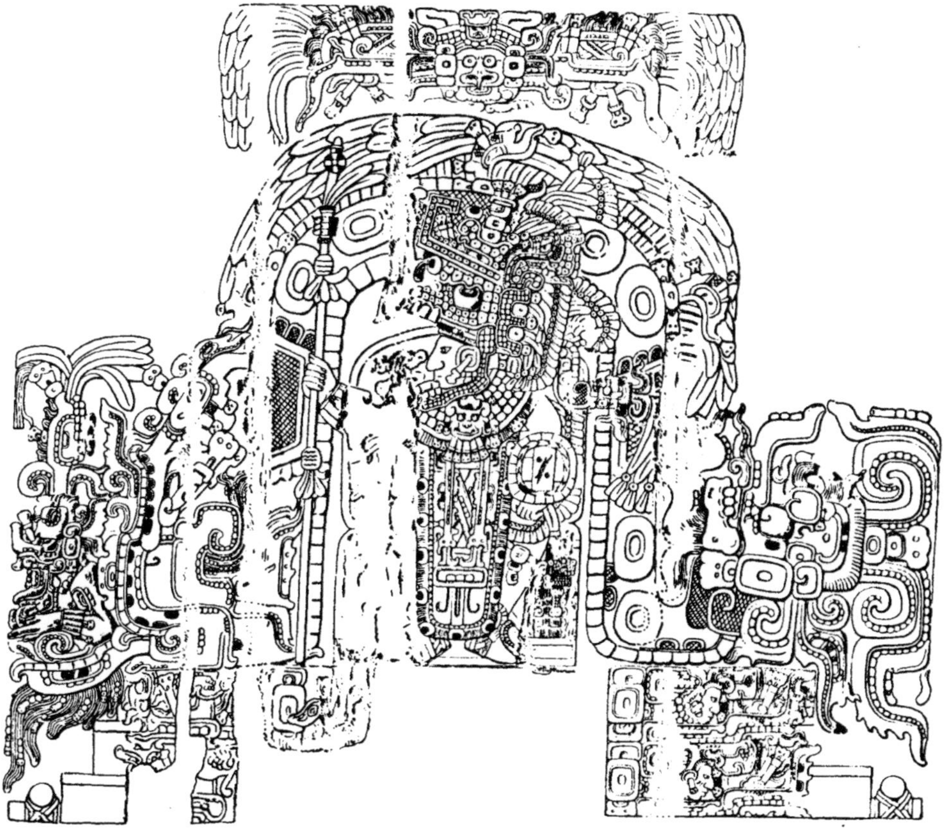

Abb. 102a. Cedrela-Holzplatte I von *Tikal.* Der aufgewölbte doppelköpfige Federschlangenleib und der Sonnenvogel. (Die Hieroglyphen sind fortgelassen.)

wird von dem hufeisenförmig emporgewölbten Leibe einer Schlange gebildet, die an beiden Enden einen Kopf hat, und über der das En-face-Gesicht eines Vogels erscheint, der mit Stirnbinde und Ohrplatten geschmückt ist und von reichverzierten Flügeln mit quetzalartigen wallenden Schwungfedern eingefaßt wird. Auf dem Leibe der Schlange sind die Bauchschuppen und zwei Arten von Flecken deutlich: ovale, ringförmige, deren

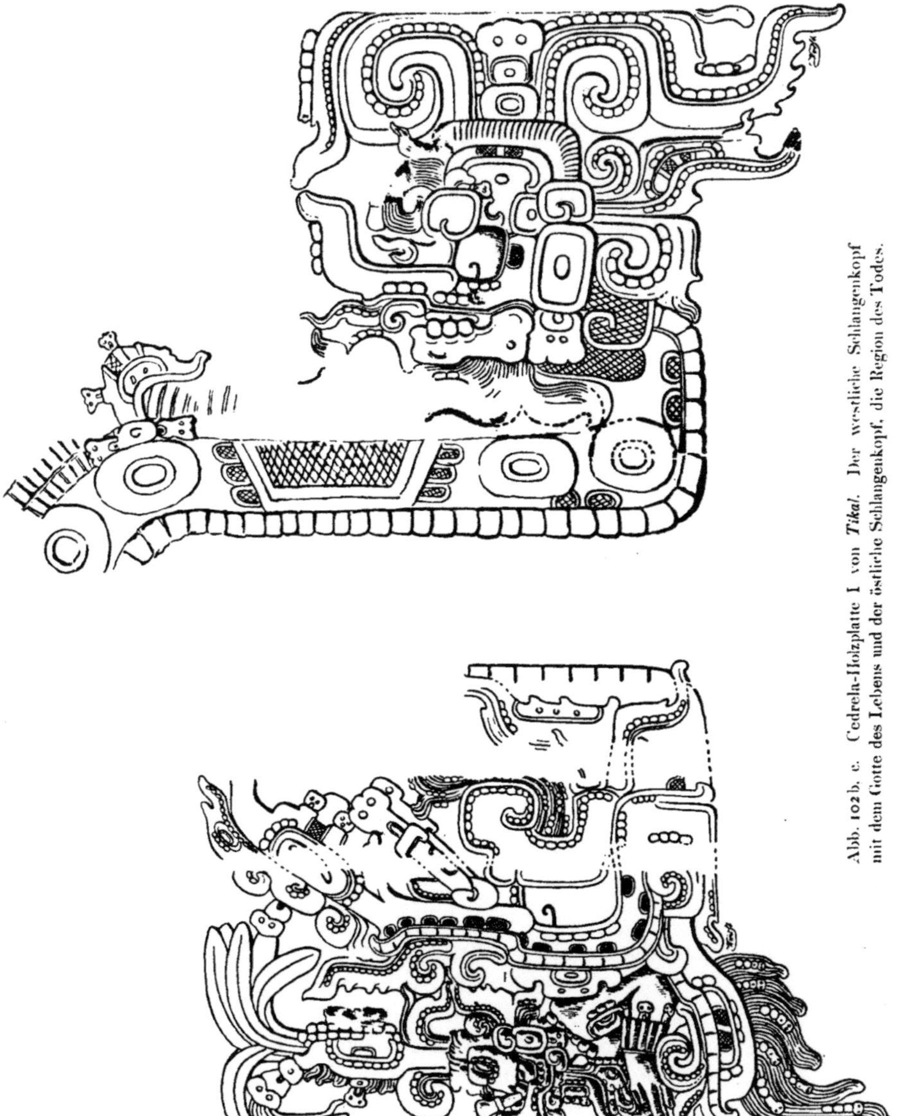

Abb. 102b. c. Cedrela-Holzplatte I von *Tikal*. Der westliche Schlangenkopf mit dem Gotte des Lebens und der östliche Schlangenkopf, die Region des Todes.

Farbe sich von der des übrigen Leibes nicht abhebt, und trapezoidale, mit gekreuzter Strichelung erfüllte, also als schwarzer Farbe zu denkende Flecke, die von kleinen runden, ebenfalls mit gekreuzter Strichelung erfüllten Flecken umsetzt sind. Der Rücken der Schlange ist mit Quetzalfedern überdeckt.

Von den Köpfen, die in Abb. 102 *a* die beiden Enden dieses Schlangenleibes bilden, hat der eine, der links vom Beschauer (vgl. auch Abb. 102 *b*), die bekannte Gestalt des Schlangenkopfes mit dem aufgebogenen Schnauzenende. Und aus seinem Rachen sieht das Gesicht des Gottes heraus, der eine in ähnlicher Weise aufgebogene Nase hat, und der der Gott des Wassers und der Fruchtbarkeit ist, den ich mit dem *Ah bolon tz'acab* der Yukateken identifizieren muß[1]. — Der Kopf rechts vom Beschauer (vgl. auch Abb. 102 *c*), der dem andern (hintern) Ende des Schlangenleibes aufsitzt, hat auch die nach oben gebogene Nase des Gottes des Wassers und der Fruchtbarkeit; aber der Kopf ist als Skelettkopf gezeichnet, mit rundem Totenauge, fleischlosem Unterkiefer, der in Umriß und Flächenzeichnung die Merkmale knochiger Beschaffenheit deutlich zum Ausdrucke bringt, und er trägt das Gesicht des Sterngottes des Nordens, der Seele des toten Kriegers, als Merkmal auf der Stirn. Und, was das Merkwürdigste ist, der ganze Kopf hat nicht die normale Stellung, mit dem Kinn nach unten, der Stirn nach oben, sondern ist um 90° gedreht, als ob ein verkehrt, mit der Stirn nach unten angesetzter Kopf durch eine Biegung des Leibes nach oben gewendet worden wäre.

Diese merkwürdige Darstellung auf der Cedrelaholzplatte von *Tikal* hat ihre Parallele und findet ihre Erklärung in dem Reliefe des alten Hauses *E* von Palenque (Abb. 101), von dem ich oben sprach. Daß diese beiden Darstellungen in der Tat dasselbe besagen müssen, wird einem ohne

---

[1] Die Schlange und der Gott sind natürlich als wesensgleich zu betrachten. Die erstere ist nur die Verkleidung des letzteren. Das bedeutet das Hervorschauen seines Gesichts aus dem Rachen der Schlange. Tatsächlich erscheint ja in dem Maya Codex Tro (Blatt 26) *Ah bolon tz'acab* als Kopf der Schlange, auf der *Chac*, der Regengott, reitet. Darum auch die Übereinstimmung in den kleineren Zügen zwischen der Schlange und dem Gotte — in dem Zottelbarte, der von der Unterseite des Kinnes herabhängt, und in den beiden Edelsteinstäben, die zwischen Auge und Schnauzenende schräg herausragen. Als Edelsteinstäbe betrachte ich, woran ich hier gleich noch erinnern möchte, diese Stäbe, weil sie in den mexikanischen Bilderschriften in der Art und mit den Farben der Hieroglyphe *chalchiuitl* »grüner Edelstein«, »Jadeït« gezeichnet und gemalt sind, gewissermaßen nur Ausschnitte dieser Hieroglyphe darstellen.

weiteres klar, wenn man sieht, wie hier in dem Stuckreliefe des alten Hauses von Palenque die Mitte auch von dem En-face-Gesichte eines Vogels eingenommen wird, der von verzierten, in wallende Quetzalfedern endigenden Flügeln eingefaßt wird; daß an dem Ende des Reliefs links vom Beschauer wieder der Kopf der Schlange mit aufgebogener Schnauze, an dem Ende rechts vom Beschauer derselbe Kopf des Gottes des Wassers und der Fruchtbarkeit erscheint, der durch die aufgebogene Nase gekennzeichnet ist, dem *Ah bolon tz'acab* der Yukateken zu identifizieren, und daß dieser Kopf hier ebenfalls als Skelettkopf gezeichnet ist, mit fleischlosem Unterkiefer, und ebenfalls um 90° gegen die normale Lage, wie sie der Schlangenkopf am andern Ende anzeigt, gedreht ist. Aber während auf der Cedrelaholzplatte von *Tikal* das verbindende Glied zwischen diesen Elementen der hufeisenförmig aufgewölbte gefleckte Leib einer Schlange war — offenbar der Leib, der zu dem Schlangenkopfe gehört, den man an der linken Seite des Bildes sieht —, sind in dem Stuckreliefe von Palenque der lebendige Schlangenkopf links und der in verkehrter Lage gezeichnete Skelettkopf an der andern Seite den Enden eines geradlinig begrenzten, horizontalen Streifens angefügt, auf dem man die Zeichen der Sonne, des Planeten Venus, der Nacht und andere in ihrer Bedeutung noch nicht erkannte Zeichen abgebildet sieht, die aber sicher alle Sterne oder andere himmlische Körper darstellen sollen. Solche mit astronomischen Zeichen erfüllte, geradlinig begrenzte, horizontale Streifen haben wir oben schon als Umrahmungen der Stuckreliefe auf den Pfeilern der Ostseite des Ostgebäudes des Palastes von Palenque und auf den Pfeilern des Inschriftentempels von Palenque kennengelernt. Sie sind schon lange aus den Mayahandschriften bekannt. Mit Förstemann hat man sich gewöhnt, sie als Himmelsschilder zu bezeichnen. Daß ein solches Himmelsschild hier dem hufeisenförmig aufgewölbten Leibe einer Schlange homolog ist, lehrt uns, daß dieser Leib und die Schlange selbst als das Abbild des Himmelsgewölbes gedacht war. Und weil diese Schlange diesen Stämmen das Himmelsgewölbe war, darum sehen wir hier — und, wir werden gleich sehen, auch an andern Stellen — diese Schlange und ihre Homologa über Türen und auf Torbogen angebracht.

Im einzelnen bestehen nun allerdings doch noch mancherlei Unterschiede zwischen diesen beiden homologen Darstellungen. Und das ist ja nicht weiter wunderbar, da Palenque und *Tikal* verschiedenen archäologischen Provinzen angehören: Der Schlangenkopf auf dem Bilde von

Tikal (Abb. 102 *b*) ist reicher verziert und mit einem gewissen Schwunge, der Freude an Voluten verrät, entworfen. Der zottige Bart, der das Kinn unten einfaßt, ist mit Sorgfalt gezeichnet. Zwischen Auge und Schnauzenende sind die beiden schräg herausragenden Edelsteinstäbe deutlich, die für die Schlangenköpfe der Mayaregion typisch sind, und die auch in der mexikanischen Kunst ihre klaren Homologa haben. Man sieht diese auch, wie ich oben schon sagte, an dem Kopfe des (menschlich gedachten) Gottes des Wassers und der Fruchtbarkeit, der aus dem aufgesperrten Rachen dieser Schlange hervorsieht, der damit zugleich seine Wesensverwandtschaft mit der Schlange beweist.

Die Köpfe an den beiden Enden des Himmelsstreifens von Palenque unterscheiden sich von denen von *Tikal* zunächst dadurch, daß sie, als Drachen. noch mit Reptilgliedmaßen versehen sind. Der Schlangenkopf an dem linken Ende (Abb. 101 *b*) hat den Rachen nicht aufgesperrt, und kein Menschengesicht schaut zwischen den Zahnreihen der Kiefer hervor. Dafür ist der Reptileindruck, den der Kopf macht, viel deutlicher. Die beiden Edelsteinstäbe zwischen Auge und Schnauzenende sind nicht mehr ganz erhalten. Ein besonderer Zug dieser Himmelsschlange von Palenque, der dem Schlangenkopfe von *Tikal* fehlt, ist, daß der von dem Lide beschattete Augapfel und ein aus dem Haare aufragender Schmuck mit der Hieroglyphe des Planeten Venus gefüllt ist. Zur Erklärung genüge der Hinweis, daß in der mexikanischen Symbolik und symbolischen Zeichnung die Sterne die Augen des Himmels sind, und daß das Haar nächtlicher Gottheiten herkömmlicherweise mit Augen besetzt wird.

Der Kopf an dem rechten (hintern) Ende des Schlangenleibes trägt in dem Bilde von *Tikal* (Abb. 102 *c*) auf der Stirne das Gesicht des Sterngottes des Nordens, der die Seele des toten Kriegers ist. Darüber erhebt sich ein wie aus zwei Spiegeln und einer Schelle (?) bestehender Schmuck, der von Feuerwolken (?) eingefaßt ist. Diese auffällige Besonderheit fehlt dem Kopfe an dem rechten Ende des Himmelsschildstreifens des Reliefs von Palenque (Abb. 101 *c*). Der *Ah-bolon-tz'acab*-Kopf mit dem aufgebogenen Nasenende, der fleischlose knochige Unterkiefer und der lange Zottelbart unter dem Kinn sind auch hier deutlich. Aber die Stirne trägt ein scharf umrissenes Medaillon. in dem Maudslay keine Zeichnung weiter sah, in dem ich aber die vier kleinen, im Kreuz gestellten Spitzchen erkennen zu müssen glaube, die die Hieroglyphe *kin* »Sonne« darstellen (vgl. oben S. 52, Abb. 54 und 56). Und über der so gezeichneten Stirn erhebt sich eine Dreiheit von Elementen, die in einer ganzen Reihe von andern Fällen in typischer Verbindung mit dem Elemente *kin* »Sonne« auf der Stirn des Trägers nachweisbar ist. Maudslay hat auf der Schlußtafel des vierten, den Ruinen von Palenque

Abb. 103. *Copan*. Tempel 22. An dem Ostende des in S-förmige Teile aufgelösten Schlangenleibes, der über den Türeingang der Cella sich zieht. (Maudslay IV, Pl. 93, Fig. e.) (vgl. Vol. I, Pl. 12.)

Abb. 104. Palenque, Palacio. Das alte Haus mit den Malereien (Haus *E*, Maudslay). Osthalle. In umgekehrter Stellung an dem Ostende des Himmelsschildes, das über die West-, Nord- und Ostwand der Halle sich zieht. Nach Maudslay IV, Pl. 43 (verbessert).

gewidmeten Bandes seines großen Werkes eine Anzahl dieser Fälle zusammengestellt, die ich, nebst einigen andern, in den Abbildungen 103—113 wiedergegeben habe. Was diese drei Elemente eigentlich bedeuten, ist schwer zu sagen. Das Element in der Mitte hat immer eine nach beiden Seiten sich einrollende Basis und sieht in einigen der Fälle den rotgemalten, dreieckig *A*-förmigen Gebilden ähnlich, die in den mexikanischen Sonnenbildern die Ausstrahlung nach den vier Hauptrichtungen ausdrücken. Dabei hat

Abb. 105. *Copan.* Stele *H,* Rückseite.
(Maudslay I, Pl. 61.)

Abb. 106. Palenque. Altarplatte des Kreuztempels I.
(Maudslay IV, Pl. 76.)

Abb. 107. *Copan.* Stele 1.
(Maudslay I, Pl. 63.)

aber die Außenseite der (oft hart aneinanderliegenden) Schenkel eine Strichelung, die das ganze Gebilde als fedrig oder haarig erscheinen lassen.

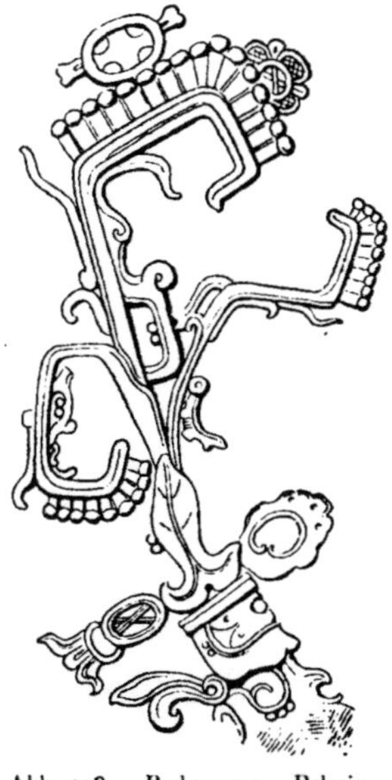

Abb. 108. Palenque, Palacio, Westgebäude. Von der Hauptfigur des Stuckreliefs auf dem Pfeiler *C* im Arme gehalten. (Maudslay IV, Pl. 35.)

Abb. 109. Palenque, Kreuztempel I. In umgekehrter Stellung von der Figur an der Westseite des Eingangs in die Cella in der Hand gehalten. (Maudslay IV, Pl. 71.)

Abb. 110. Palenque, Altarplatte des Kreuztempels I. Von dem jungen Priester in der Hand gehalten. (Maudslay IV, Pl. 75 u. 76.)

Einzelne Fälle kenne ich, wo dieses mittlere Gebilde geradezu die Gestalt eines Haarschopfes hat (vgl. Abb. 110, die der Altarplatte des Kreuztempels I entnommen ist), und ich halte es auch nicht für undenkbar, daß dieses mittlere Gebilde eine Haarsträhne sein soll, aber mit der besonderen Bedeutung, die der Haarschopf bei den Mexikanern hatte, als Zahlzeichen *cen-tzontli* = 400. Von den beiden seitlichen Elementen ist das eine augenscheinlich eine Vereinfachung der mit Kreuzbändern und Spiegeln erfüllten, an den Rändern mit roten Federn oder Flammen besetzten Streifen, die wir oben (vgl. Abb. 96, S. 78) von der von den zwei Taufenstern gebildeten

Abb. 111. Palenque, Palacio. Ostgebäude, Ostfront. Kopf der einen der beiden Adorantenfiguren des Stuckreliefes auf dem Pfeiler *c*. (Maudslay IV, Pl. 10.)

Abb. 112. Menché Tinamit. Kopf einer Figur aus dem Reliefe einer Türoberschwelle. (Maudslay IV, Pl. 93.)

symbolischen Zeichnung ausstrahlen sahen, die die Hinterwand des Südostzimmers des Hauses *B* (Maudslayscher Bezeichnung) von Palenque bedeckt, und die ich als Flammen- oder Feuerstreifen deuten zu müssen glaube. Das dritte Element ist augenscheinlich ringförmig. Es sieht in einigen Fällen wie ein Querschliff eines großen Meerschneckengehäuses aus. Die kleinen Kreise in dem breiteren Randteile, bzw. die kugligen, mit kleinen Kreisen erfüllten Anhänger, lassen mich vermuten, daß dies Gebilde ein Schellenring war, vergleichbar dem *oyoualli* der Mexikaner, der auch aus einem Schneckengehäuse geschliffen war, und der das Abzeichen und das Werkzeug der *Centzon Uitznaua*, der Sterngötter des Südens, und auch der mexikanischen Tanzgötter war. — Was wir aber auch über die eigentliche Natur dieser drei Elemente glauben oder nicht glauben zu können

Abb. 113. Palenque, Inschriftentempel. Mittlere der drei Inschriftenplatten. Hieroglyphe J. 8. (Maudslay IV, Pl. 61.)

meinen, Tatsache ist es, daß diese drei Elemente überall — soweit die Zeichnung deutlich ist — in typischer Verbindung mit dem Elemente *kin* »Sonne« auf der Stirn des Trägers vorkommen. So fest ist diese Verbindung, daß bei hieroglyphischer Verkürzung nur noch die Stirn mit dem *kin*-Zeichen und die Dreiheit der Elemente gezeichnet wird (vgl. Abb. 113). In einigen Fällen könnte der Träger, wie es scheint, als Sonnengott bestimmt werden. In der überwiegenden Mehrzahl der Fälle aber ist es, wie hier bei dem Stuckreliefe von Palenque, der *Ah-bolon-tz'acab*-Kopf mit dem fleischlosen knochigen Unterkiefer, der diese drei Elemente über einer mit der Figur *kin* »Sonne« gezeichneten Stirn trägt.

Ehe ich nun aber an den Versuch gehe, diese letztere Gestalt zu bestimmen, weise ich darauf hin, daß noch ein paar andere Fälle bekannt sind, wo dieser *Ah-bolon-tz'acab*-Kopf mit dem fleischlosen knochigen Unterkiefer und der oben beschriebenen Dreiheit der Elemente über der Stirn als Gegenstück zu der Schlange mit dem aufgebogenen Schnauzenende erscheint, wie in dem Stuckreliefe des alten Hauses von Palenque. Das ist einmal auf einem Gebäude von *Copan*, das Maudslay freigelegt hat, und das er als Tempel Nr. 22 bezeichnet. Auf der Höhe einer Plattform, zu der man auf einer Treppe emporsteigt, befindet sich dort ein Gebäude, dessen Front nach Süden gerichtet ist, und das aus einem Vor- oder Eingangsraume und einer Cella besteht, deren Fußboden, wie so oft, über dem des Vorraums etwas erhöht ist. Über der Türe zu dieser Cella findet sich ein Relief (Abb. 114), dessen Mittelstück allerdings nicht mehr einen zusammenhängenden Streifen bildet, sondern in eine Reihe S-förmiger Gebilde aufgelöst erscheint, deren jedes von einem Männchen gehalten wird. (Die letzteren sind in der Zeichnung, Abb. 114, weggelassen.) Aber an den beiden Enden dieser Reihe, an der Wand sich herabziehend, finden sich hier genau wie bei dem Stuckreliefe des alten Hauses von Palenque an der Seite links vom Beschauer ein Drachenkopf mit seinem reptilartigen Vorderbeine, an der Seite rechts vom Beschauer, neben einem reptilartigen Beine, ein *Ah-bolon-tz'acab*-Kopf, dessen Unterkiefer wahrscheinlich auch fleischlos und knochiger Beschaffenheit war — was aber bei dem gegenwärtigen Erhaltungszustande nicht mehr mit Sicherheit festzustellen ist. — Und genau wie in dem Stuckreliefe des alten Hauses von Palenque

Abb. 114. Doppelköpfige Schlange über dem Türeingange zu der Cella des an der Nordseite des großen Hofes gelegenen Tempels No. 22 von *Copan*.
(Maudslay IV, Pl. 93. Fig. e.) (vgl. Vol. I, Pl. 12.)

trägt in diesem Reliefe von Copan der Drachenkopf links in einem über der Stirn sich erhebenden Büschel die Hieroglyphe des Planeten Venus, während der *Ah-bolon-tz'acab*-Kopf rechts (vgl. auch Abb. 103, oben S. 90) auf dem Scheitel den Streifen mit dem Kreuzbande, das haarartige und das muschelringartige Gebilde zeigt — die drei Elemente, die wir auf dem Scheitel des Kopfes an dem rechten Ende des Himmelsschildstreifens von Palenque sahen.

Die zweite Parallele ist das Relief, das man auf der einen Seite eines parallelepipedischen Werkstückes sieht, das von Maudslay am Fuße des Ostabhanges des Hügels 7 in *Copan* im Schutte aufgefunden und freigelegt wurde. Das Bild, das ich nach Maudslay in Abb. 115 wiedergebe, spricht für sich. Das besonders Merkwürdige an dieser Figur ist, daß die Schlange der Cedrelaholzplatte von *Tikal*, bzw. der Himmelsschildstreifen des Stuckreliefs von Palenque, hier durch ein krokodilartiges Reptil, das das Zeichen *caban* (das siebzehnte Tageszeichen, das Zeichen der Erde) auf dem Rücken trägt, ersetzt ist.

Von diesen beiden Parallelen ist die erstere von besonderer Wichtigkeit. Denn dieses Relief des Tempels 22 von *Copan* ist ja auch, wie das Stuckrelief von Palenque, über einer Türe angebracht, und zwar über einer, die sich nach Norden öffnet. Diese Übereinstimmung der Richtungen wird schwerlich eine zufällige sein. Man wird aus ihr, glaube ich, schließen müssen, daß auch die beiden ungleichen Köpfe, die an den Enden des Himmelsstreifens, bzw. des das Gewölbe bildenden Schlangenleibes, stehen, zu bestimmten Richtungen in Beziehung zu setzen sind — denen, die sie in diesen beiden, ihre Front nach Süden kehrenden Reliefen tatsächlich haben, d. h. der Kopf links vom Beschauer ist dem Westen, der rechts vom Beschauer dem Osten zuzuschreiben. Und das ist ja auch klar. Die Schlange mit dem aufgebogenen Schnauzenende, die die Verkleidung des Gottes des Wassers und der Fruchtbarkeit ist, muß in dem Westen ihre Heimat haben, der Region, wo der neugeborene, der wachsende Mond, das Abbild und die Ursache alles Wachsens und Entstehens, am Himmel erscheint. Und folgerichtig muß der *Ah-bolon-tz'acab*-Kopf mit dem fleischlosen knochigen Unterkiefer, der auf der Stirn das Zeichen *kin* »Sonne«

Abb. 115. Skulpturstück vom Fuße des Ostabhanges des Hügels 7 von *Copan*.

und auf dem Scheitel die drei Elemente Haarschopf, Feuerstreifen und Rasselschmuck trägt, und der in verkehrter Stellung am andern Ende des Himmelstreifens angebracht ist, dem Osten angehören, muß der Herr des Ostens sein. Als wen haben wir demnach aber diesen »Herrn des Ostens« zu bestimmen? Das Nächstliegende würde sein, an den Sonnengott zu denken. Aber zu dieser Erklärung stimmt sehr wenig, daß dieser »Herr des Ostens« als *Ah bolon tz'acab* gezeichnet ist, und daß er einen Totenknochen als Unterkiefer trägt. Besser vereinbar damit wäre die Gestalt des Herrschers, von dem erzählt wird, daß er lange Zeit ein Reich des Friedens und des Überflusses beherrscht habe, dann aber, alt und krank geworden, von den Zauberern zur Auswanderung gezwungen und nach Osten gewandert sei, um dort zu sterben. Das ist der *Quetzalcouatl* der Mexikaner, der *K'u-cumatz* und *Kukul can* von den Mayastämmen genannt wurde, der sagenberühmte Gott, der die Erlebnisse des Mondes in sich verkörpert. Dieser Auffassung habe ich früher wiederholt Ausdruck gegeben. Aber auch diese Erklärung trägt einer Tatsache sehr wenig Rechnung, der merkwürdigen anormalen Stellung, in der dieser Kopf sowohl auf der Cedrelaholzplatte von *Tikal* wie in dem Stuckreliefe des alten Hauses von Palenque dargestellt ist — eine Stellung, die ein Aufsteigen aus der Tiefe oder ein Herabkommen von der Höhe ausdrücken zu sollen scheint. Hier ist nun, meiner Auffassung nach, die Zeichnung auf der Cedrelaholzplatte (Abb. 102 *a* und *c*) von entscheidender Bedeutung — auf die ich allerdings erst in neuerer Zeit aufmerksam geworden bin —, die diesen »Herrn des Ostens« das Gesicht des »Sterngottes des Nordens« als Determinativ auf der Stirn tragen läßt. Diese, die Sterngötter des Nordens, die Seelen der toten Krieger sind es ja, die im Norden, in der Region der ewig kreisenden, nie untergehenden Gestirne, ihre Heimat haben, die aber täglich die Sonne erwarten, wenn sie im Osten aufgeht, und sie unter Gesängen und Tänzen zum Zenite geleiten. Sie, diese Seelen der toten Krieger, sind die wahren *Tlauizcalpan tetecutin*, die »Herren im Hause des Hellwerdens oder der Morgenröte«, gleich ihrem Anführer, dem Gotte des Morgensterns, der das Herz oder die Seele des toten *Quetzalcouatl* ist, die aus der Asche des toten Gottes zum Himmel emporstieg. Sie sind die Väter, die Alten, die die Welt und den Mais und die Menschen aufgebaut und geschaffen haben. Von ihrem Aufenthaltsorte, dem obersten Himmel, kommen noch heute der Mais und die Menschen in die Welt. Sie ziehen in den Wolken über den Himmel, wie die *Hopi* erzählen, die sie als Götter um Regen anflehen. Sie sind aber auch selber die »Herabkommenden«, die »Revenants«, die in Gestalt von glänzenden Kolibrien oder von Schmetterlingen den Menschen sichtbar werden, die, Honig suchend, von Blume zu Blume gaukeln. Sie sollen aber auch wieder erstehen und werden daher in einem großen Feste — das die Mexikaner *Xocotl uetzi* nannten —, das man ihnen um Mitsommer feierte, vom Himmel heruntergerufen oder richtiger heruntergezaubert, — eine Zärimonie, deren Wesen nichts anderes ist, als ein großes Gebet um Fruchtbarkeit und Gedeihen und um Vermehrung des Volkes. So erklärt das, was von diesen Gestalten erzählt wird — man möchte sagen — restlos alles, was wir in der Schnitzerei der Cedrelaholzplatte von *Tikal* und in dem Stuckreliefe des alten Hauses von Palenque sehen. Ja, es scheint sogar, daß die Annahme, daß es die Sterngötter, die Seelen der toten Krieger, seien, die in den besprochenen Reliefen an dem Ende rechts vom Beschauer, am östlichen Ende der großen Himmelsschlange, dargestellt sind, auch die Feststellungen bestätigt, die ich oben bezüglich der merkwürdigen Dreiheit von Elementen, die in Verbindung mit dem Zeichen *kin* »Sonne« auf der Stirn des Trägers vorkommen, angedeutet habe. Ich hatte oben, nur die Form dieser Elemente in Betracht ziehend, das eine als einen Feuerstreifen, das andere als ein haarartiges Gebilde, das dritte als einen aus einem Schneckengehäuse geschliffenen Rasselring erklärt. Nun wissen wir, daß die Sterngötter, die Seelen der toten Krieger, von den Mexikanern in der Tat als Feuergötter gedacht und mit der Bemalung des Feuergottes abgebildet wurden, da sie eben auch die alten Götter, die Väter, sind. Wir wissen ferner, daß der aus einem Schneckengehäuse geschliffene Rasselring, den die Mexikaner *oyoualli* nannten, ein bekanntes Abzeichen oder Gerät dieser Seelen der toten Krieger war, die — wie es in dem aztekischen Berichte Sahagun's heißt — mit dem Gelärme dieser Rasseln die aufgehende Sonne begrüßen. Wir wissen endlich, daß der Haarschopf bei den Mexikanern Hieroglyphe und Bezeichnung der Zahl *cen tzontli* oder 400 war, und daß die Sterngötter diese Zahl 400 in ihrem Namen haben, da sie eben die unendlich große Zahl der Sterne, das Heer der Sterne, darstellen und deshalb *Cen tzon Mimixcoua*, das Heer der Sterne des Nordhimmels, und *Cen tzon Uitznaua*, das Heer der Sterne des Südhimmels, genannt wurden.

Mit diesen Feststellungen, die, so hypothetisch wie sie sind, doch vielleicht als annehmbar gelten können, schließe ich meine Betrachtungen über das interessante Stuckrelief des alten Hauses von Palenque. Wir können wohl als sicher annehmen, daß das Relief erst in späterer Zeit an der Wand dieses Hauses angebracht worden ist. Aber daß man diese Stelle mit diesem kunstvoll ausgeführten heiligen Symbole schmückte, beweist uns, daß das alte Haus *E* zu den wichtigeren Gebäuden des ganzen Komplexes gehörte. Das Relief schmückt die Innenseite der nördlichen Giebelwand der Osthalle dieses Gebäudes. Das lehrt uns, daß die Tür in dieser Wand nicht als Eingangstüre galt, sondern als Ausgang, der von den Räumen dieses Hauses aus den Zugang gewährte zu den prächtigeren Gebäuden aus jüngerer Zeit, die um den großen Nordosthof sich reihen, von dem aus diese sämtlichen Gebäude durch Treppen betretbar sind. Die eigentliche Eingangstüre in das Haus *E* war nahe der andern, der südlichen, Giebelwand der Westhalle die Steinplatte, die den von unten, von Süden, heraufkommenden unterirdischen Gang deckte. So ist mir die Anbringung jenes Reliefs an der Innenseite der nördlichen Giebelwand eine Bestätigung meiner Mutmaßung, daß die großen Gebäude der Nordhälfte des Palastes nicht von außen betretbar waren, sondern daß der Weg zu ihnen von den Gebäuden am Südfuße des Palastmassivs seinen Anfang nahm und durch das Subterraneum zu dem Hause *E* führte. Das Haus *E* erscheint danach so recht als der Mittelpunkt der ganzen Palastanlage.

Diese Schlußfolge wird, denke ich, nicht dadurch erschüttert, daß, wo in den unterirdischen Gängen an den Torbogen Reliefe angebracht sind, diese ihre Front dem einfallenden Lichte und den von oben Kommenden zukehren. Denn da diese Torbogen über einem absteigenden Wege sich aufbauen, war, außer an den Innenwänden, nur an den der Höhe zugekehrten vorderen Seiten der Bogen Raum zur Anbringung von Reliefen zur Verfügung. — Solcher Torbogenreliefe sind nicht weniger als fünf vorhanden, von denen zwei am oberen Ende des östlichsten, in dem Hause *E* mündenden Ganges angebracht sind, während die anderen — zwei dem mittleren, einer dem westlichen Gange angehörend — in den vollkommen lichtlosen inneren Teilen ihre Stelle haben. Diesen Torbogen, die ja eine Parallele zu dem großen Stuckreliefe der Osthalle (Abb. 101) darstellen, muß ich hier noch eine kurze Betrachtung widmen.

An dem oberen Ende des östlichen, nahe dem südlichen Ende der Westhalle des Hauses *E* mündenden unterirdischen Ganges führt von dem Boden dieser Galerie unmittelbar eine Treppe von neun Stufen hinab. Drei Torbogen, kurze, durch 2, 4 und 5 Platten geschlossene trapezoidale Gewölbe bilden, in verschiedenen Tiefenstufen einander folgend, die Bedachung dieses Mündungsteils des Ganges. Die ersten beiden Torbogen haben ein Relief an der vorderen, der Höhe und dem Lichte zugekehrten Seite. An dem obersten Torbogen ist jederseits ein Schnurloch zu sehen; er konnte also durch einen Türvorhang geschlossen werden.

Das Relief dieses Bogens ist zur Zeit ziemlich abgenutzt und durch das durch die Spalten der Decke tropfende Wasser mit Kalksinter bedeckt. Immerhin erkennt man, daß das Relief (vgl. Abb. 116) eine Wiederholung und Umkehrung des Himmelsschildstreifens an der Innenseite der nördlichen Giebelwand der anstoßenden Osthalle darstellt. An Stelle des Himmelsschildstreifens allerdings steht hier der sich wölbende schwarzgefleckte Schlangenleib, wie auf der Cedrelaholzplatte von *Tikal*, und das ist wohl die ursprüngliche Vorstellung. Die Bauchringe der Schlange sind am unteren Rande des Torbogens deutlich erkennbar und darüber noch, an zwei Stellen, die mit gekreuzter Strichelung erfüllten, also schwarz zu denkenden dreieckigen oder trapezoidalen Flecken des Schlangenleibes. In der Mitte über dem Schlangenleibe sieht man statt des En-face-Gesichts des Sonnenvogels ein Medaillon mit dem Zeichen *kin* »Sonne«, von dem zwei Beine ausgehen, das also in irgendeiner Weise mit einer menschlichen oder tierischen Gestalt verbunden oder in sie hineingezeichnet war. An dem Ende links vom Beschauer erscheint, wie in den oben genauer beschriebenen anderen Fällen, der Drachenkopf, der hier mit blauer Farbe gemalt ist, und hinter dem auch hier wieder ein Reptilbein sichtbar wird. Am Schnauzenende sind die lang herausragenden gekrümmten Zähne, die man in

Abb. 116. Palenque, Palacio. Oberster Torbogen des östlichsten der drei unterirdischen Gänge, der in der Westhalle des alten Hauses mit den Malereien (Haus *E*, Maudslay) mündet. (Nach einem Abklatsche und einer Zeichnung des Verfassers.)

anderen Bildern dieses Drachenkopfes (z. B. in den Medaillonen der Innenwand der Osthalle des Ostgebäudes) sieht, durch ein Steinmesser ersetzt, das im Umriß und mit der Zahnreihe an der Schneide auffällig an mexikanische Art der Zeichnung erinnert. An dem Ende rechts vom Beschauer muß neben dem Reptilbeine ein *Ah-bolon-tz'acab*-Kopf mit fleischlosem, knochigem Unterkiefer in verkehrter Stellung, mit der Stirn nach unten — gleich dem am rechten Ende des Himmelsschildstreifens der Innenseite der nördlichen Giebelwand der Osthalle dieses Hauses (Abb. 101) — sich befunden haben. Davon ist aber nur das *kin*-Zeichen auf der Stirn und zwei der drei über dem Scheitel aufragenden Elemente — das fedrige oder haarige Element in der Mitte und die Kreuzbänder des seitlichen Feuerstreifens — noch erhalten. Somit kann man sagen, daß alle Hauptelemente des Reliefs der nördlichen Innenwand der Osthalle in diesem Reliefe Abb. 116, das den ersten Torbogen des in das Subterraneum führenden Ganges schmückt, vorhanden sind. Nur ein großer Unterschied besteht: das Relief auf der nördlichen Innenwand der Osthalle ist dem Süden, das auf dem ersten Torbogen des unterirdischen Ganges dem Norden zugekehrt. Der Drachenkopf bezeichnet also dort das westliche, hier das östliche Ende des Himmelsgewölbes, und ent-

Abb. 117. Palenque, Palacio. Zweiter Torbogen des östlichsten der drei unterirdischen Gänge, der in der Westhalle des alten Hauses mit den Malereien (Haus *E*, Maudslay) mündet. (Nach einem Abklatsche und einer Zeichnung des Verfassers.)

sprechend der Kopf, den ich als Seele des toten Kriegers bestimmen zu können meine, kennzeichnet dort die Ostseite, hier den Westen.

Diese Abweichung könnte man sich dadurch erklären, daß das symbolische Gebilde, das in dem Tempel von *Copan* ja auch dem Süden zugekehrt war, hier schematisch auf eine dem Norden zugekehrte Front übertragen worden sei. Man kann sich aber auch vorstellen — und das ist, glaube ich, das richtigere —, daß auch diese Verkehrung der Richtungen ihren besonderen Sinn und ihre besondere Bedeutung habe. Das jetzt zuletzt besprochene Relief (Abb. 116) bezeichnet den Eingang in die Unterwelt. Den Toten aber geht die Sonne auf, wenn sie für uns im Westen versinkt, und sie geht den Unterirdischen unter, wenn sie uns leuchtend am Osthimmel aufgeht.

Das Relief, das auf der Vorderseite des zweiten, zunächst folgenden Torbogens zu sehen ist (Abb. 117), bringt dieselbe Idee der zweiköpfigen Schlange, die, hufeisenförmig sich wölbend, das Himmelsgewölbe darstellt, zum Ausdrucke. Die Schlange ist sogar hier noch deutlicher, mit ihren Bauchringen und den großen trapezoidalen schwarzen Flecken, die, genau wie auf der Cedrelaholzplatte von *Tikal*, von kleineren runden Flecken umsetzt sind, wiedergegeben. Aber dieser Schlangenleib endet hier auf beiden Seiten mit einem Drachenkopfe, der leider auf beiden Seiten stark übersintert und undeutlich geworden ist. Über der Mitte des Schlangenleibes war vielleicht auch wieder das Zeichen *kin* angegeben, von Strahlen oder Flammenstreifen umsetzt. Der Teil ist aber stark zerstört. Eine Neuheit ist, daß hier über den beiden Drachenköpfen noch jederseits eine hockende Tierfigur angegeben ist. Die auf der Seite links vom Beschauer, d. h. an der Ostseite, ist sicher als Hirsch zu bestimmen. Das sieht man an dem schmal geschlitzten Auge, dem langen Ohre und der kleinen Spitze auf der Stirn, die zweifellos wohl das kleine spießförmige Geweih der kleinen Hirschart der Tierra caliente wiedergeben soll. Die Tierfigur auf der Seite rechts vom Beschauer, d. h. der Westseite, hat einen Kopf menschlicher Bildung mit großem Auge, der, wie die gekreuzte Strichelung erkennen läßt, schwarze Gesichtsfarbe haben sollte, und dessen Kinn, wie es scheint, von einem Barte umrahmt ist. Von dem Munde gehen zwei an den Enden sich nach außen einrollende Gebilde aus, die man in mexikanischen Bilderschriften bei Skorpionen und Skolopendern angegeben findet. Da nun diese Figur eine Art gegliederten Schwanzendes hat, dessen Endglied besonders abgesetzt ist, so, glaube ich, wird man diese Figur in der Tat als Skorpion bestimmen müssen. Und das um so mehr, als wir aus dem Mayakodex Tro-Cortes Bilder kennen, wo der Skorpion als Hirschjäger auftritt (Abb. 118), und andere, wo ein skorpionschwänziger Hirsch oder ein skorpionschwänziger schwarzer Gott, dem, wie ich meine, der Name *Ek chuah* »schwarzer Skorpion« zukommt, der an andern Stellen auch selbst als Hirsch oder mit einem Hirschkopfe als Helmmaske vorgeführt wird, als Hirschtöter und Hirschfänger erscheint (Abb. 119, 120). Näheres und Bestimmteres über die mythologische Bedeutung dieser beiden Tiere läßt sich zur Zeit nicht angeben. Nur das will ich nicht vergessen

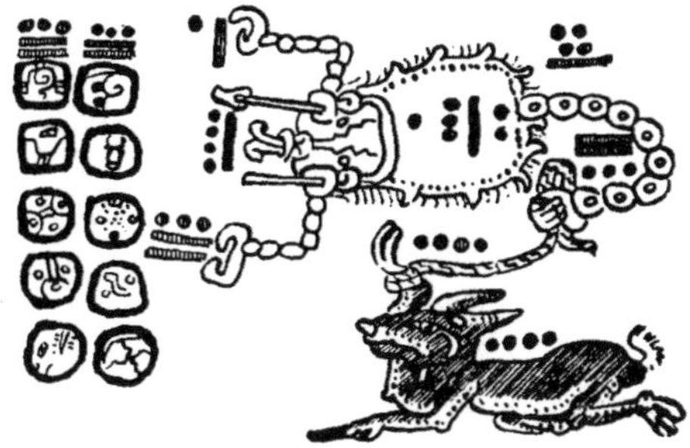

Abb. 118. Der Skorpion als Hirschfänger. Codex Tro 13b.

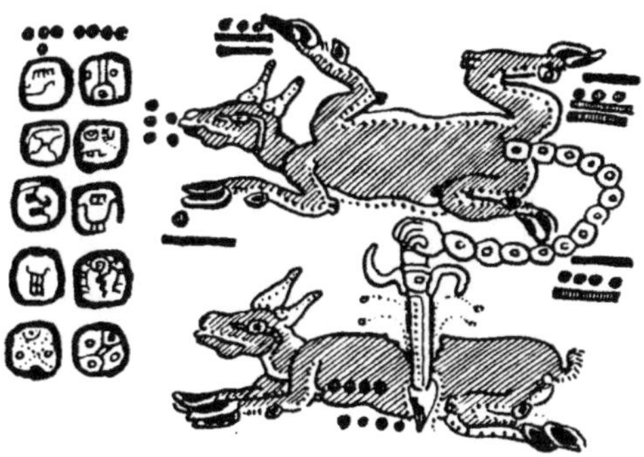

Abb. 119. Der skorpionschwänzige Hirsch als Hirschtöter. Codex Tro 18b.

Abb. 120. Der skorpionschwänzige schwarze Gott (*Ek chuah*) als Fänger. Codex Tro 34*, 33*a.

zu erwähnen, daß unter den Hirschen, die gejagt werden, oder die vom Himmel fallen, allgemein die Sterne und die Sterngötter zu verstehen sind.

Die Schlange über einem Torbogen kommt, wie ich hier gleich noch einfügen will, in den Baulichkeiten des Palastes von Palenque noch an der Ostseite eines Hauses vor, dessen Reste an der Nordseite des westlichen der beiden den Südrand des Palastmassivs einnehmenden Gebäude

Abb. 121. Palenque, Palacio. Torbogen an der Ostseite eines Hauses, das dem westlichen der beiden den Südrand des Palastmassivs einnehmenden Gebäude vorgelagert ist. Nach einer Zeichnung des Verfassers.

sich befinden, und das wahrscheinlich mit diesem Gebäude in Verbindung stand. Eine Zeichnung dieses Reliefs gebe ich in Abb. 121 wieder.

Torbogenreliefe finden sich auch in den andern beiden Gängen, die durch das Subterraneum zu den nach dem Südfuße des Palastmassivs sich öffnenden Korridoren führen. Diese aber sind, wie ich oben schon sagte, in den ganz lichtlosen Teilen angebracht. Der eine dieser beiden Gänge öffnet sich in dem Fußboden des besonders abgetrennten Gemaches an dem Westende des westlichen der beiden Südbaue, die ich oben (S. 79) genannt habe, und war durch eine Steinplatte verschlossen. Man steigt zunächst etwa neun Stufen hinab (1.94 m), die mit zwei kurzen, in verschiedenen Tiefenstufen einander folgenden trapezoidalen Gewölben überdacht sind, die keine Verzierung an der Vorderseite haben. Dann wendet sich der

Gang mit rechtwinkliger Biegung nach links — in welchem Abschnitte man fünf Stufen hinabzusteigen hat —, und danach biegt der Gang wieder rechtwinklig nach rechts in die alte Nordsüdrichtung um, um diese bis zur Einmündung in den nördlichsten der drei halbunterirdischen Korridore der Südseite des Palastmassivs beizubehalten. Das kurze, etwa 2.80 m lange quere Stück des Ganges ist von drei trapezoidalen Gewölben überdacht, von denen die beiden untersten Reste von Verzierungen an ihrer

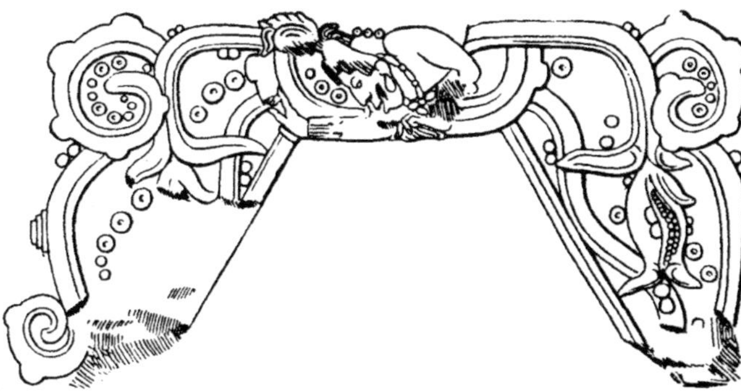

Abb. 122. Palenque, Palacio. Stuckverzierung an einem Torbogen in dem westlichsten der drei unterirdischen Gänge, die von den Gebäuden am Südfuße des Massives zur oberen Plattform führen.
(Nach einer Zeichnung von Porfirio Aguirre und nach Maudslay IV, Pl. 47.)

vordern (der Höhe zugekehrten) Seite aufweisen. An dem obern erkennt man Rankenwerk, Federn und das bekannte Bild des jungen, noch in seine Scheide eingeschlossenen, mit langem Narbenbüschel versehenen Maiskolbens. Bei dem untersten der beiden Torbogen finden sich Stuckornamente auf der innern bzw. untern Seite des Gewölbes. Dort erkennt man eine Figur mit zwei großen Augen, die an die Hieroglyphe des Planeten Venus erinnert, die aber auch ein Eulengesicht darstellen könnte. Im übrigen sind nur unzusammenhängende, kaum deutbare Reste vorhanden.

Der dritte (westlichste) der drei unterirdischen Gänge ist noch mit Platten verschlossen, und die Stelle, wo er mündet, von oben her noch nicht gefunden worden. Aber man hat etwas unterhalb der Mündung von oben ein Loch in die Decke des Ganges geschlagen, durch das man in den Gang gelangt. Es gehen von der verschlossenen Mündungsstelle auch wieder etwa neun Stufen hinab, wie bei den übrigen Gängen in nordsüdlicher Richtung, und darauf folgt ein 5.52 m langes ebnes Stück. Danach wendet sich der Gang mit kurzer Wendung nach rechts, um nach 1.20 m wieder die alte nordsüdliche Richtung einzuschlagen. Dort führen drei Stufen hinab, die mit einem Gewölbe überdacht sind, und an der Vorderseite dieses Bogens findet sich ein schönes Relief, das noch leidlich gut erhalten ist (Abb. 122). Ein Rankenwerk ist dargestellt, das in von kleinen Kreisen umsetzte Wickel und in junge, noch in ihrer Hülle steckende Maiskolben endet, und in das von oben her der nackte Oberleib eines Menschen mit stark verdrücktem, steilem, auf dem Scheitel und an den Schläfen mit ein paar Haarbüscheln besetztem Kopfe eingreift. Mit einem solchen langen, stark verdrückten, jugendlichen und mit einzelnen Locken besetzten Kopfe wird in den Mayahandschriften und auf den Monumenten der Maisgott dargestellt, und in junge Maiskolben endet, wie man sieht, auch das Rankenwerk dieses Reliefs. Erwägt man, daß dieser Gang der westlichste der drei in das Subterraneum führenden Gänge ist, und daß der Westen nach der allgemeinen Meinung dieser Stämme das *Cincalco*, die Heimat des Maises, war, so wird man diese Verzierung gerade an dieser Stelle nicht für zufällig halten. Weiter wird man aber dann vielleicht auch die Verzierungen an den Torbogen des zuerst besprochenen östlichsten der drei Gänge mit der Himmelsrichtung des Ostens zusammenbringen müssen, und die Berechtigung dazu würde, meiner Auffassung nach, in der oben eingehend behandelten Gestalt liegen, die das Ende rechts vom Beschauer sowohl auf dem Stuckreliefe der Innenseite der nördlichen Giebelwand der Osthalle des Hauses *E* wie auf dem Torbogen, der von der Westhalle dieses Hauses aus in das Subterraneum führt, bildet, d. h. in der Seele des toten Kriegers, die der Herr und das Abbild des Ostens ist.

Ich kehre nun zu dem Hause *E* selbst zurück. Dieses Haus besteht, wie ich oben schon angeführt habe, aus zweien an eine Mittelwand sich lehnenden trapezoidalen Gewölben, die korridorartige Hallen bilden. Nahe dem südlichen Ende der Westhalle mündet der unterirdische Gang, der von den halb in den Berg gebauten Korridoren am Südfuße des Palastmassivs heraufführt. An dem andern nördlichen Ende befindet sich in der Giebelwand eine Türe, die aber später vermauert worden ist. Sie hat bei der gegenwärtigen Verteilung der Baulichkeiten auch keinen Sinn;

denn sie stößt gerade auf den Ostrand der Terrasse, die das mittlere der drei nordsüdlich gerichteten Häuser der Nordhälfte des Palastkomplexes trägt. Der eigentliche Ausgang für das Haus *E* war, seit dort die Gebäude errichtet wurden, die jetzt den großen Nordosthof umgeben, die Türe in der nördlichen Giebelwand der Osthalle, das ist die Türe, die von dem Stuckreliefe des Himmelsschildstreifens umrahmt ist. Vor dieser Türe führen von der beträchtlich niedrigeren Terrasse, auf der das Haus *E* liegt, wenige Stufen auf die Ebene des großen Nordosthofs hinab. Das ist nun aber sicher so nicht immer der Fall gewesen. In der Zeit, als die Gebäude noch nicht bestanden, die jetzt den großen Nordosthof umgeben, wird die Türe in der nördlichen Giebelwand der Westhalle auch, gleich der der Osthalle, als Türe gedient haben. Ja sie ist damals wahrscheinlich der Hauptausgang gewesen. Denn diese Westhalle, in die am südlichen Ende der unterirdische Gang mündet, ist augenscheinlich der vornehmere der beiden durch die Mittelwand getrennten Räume gewesen. Letzteres wird durch die reichen Verzierungen bewiesen, deren Spuren man überall auf den Wänden dieser Halle, und namentlich auch an ihrem Nordende, sieht. Diese Verzierungen bestanden nun allerdings nicht in in Stuck ausgeführten Reliefen, wie wir solche bisher immer zu besprechen hatten, sondern in Malereien. Das ist die einfachere, mit einfacheren Mitteln auszuführende und darum wohl auch ursprünglichere Art der Verzierung. Das große steinerne Reliefbild, das der hintern Längswand der Westhalle eingesetzt ist, ist spätern Ursprungs. Vor ihm befand sich zu Kapitän Dupaix's Zeit ein Steintisch.

Malereien sind nicht in gleicher Weise haltbar wie die in dem vorzüglichen Stuckmateriale, das diese alten Stämme zu bereiten wußten, hergestellten Reliefe; aber Malereien sind auch leichter wiederherzustellen und müssen wiederhergestellt werden, wenn es sich um Räume handelt, denen eine gewisse Feierlichkeit oder Heiligkeit anhaftet. Eine solche Wiederherstellung wird aber in den seltensten Fällen sich auf eine Nach- oder Ausbesserung beschränken, sie wird vielmehr zumeist eine Neuherstellung sein, und dabei wird naturgemäß veränderter Kunstgeschmack sich geltend machen. Farbenfreudige Generationen wechseln mit solchen, denen gedämpftere Farbentöne sympathischer sind. Die einen bevorzugen naturalistischere, die andern strenger stilisierte Darstellungen. Vor allen Dingen werden aber in den verschiedenen Zeiten, den veränderten Anschauungen gemäß, auch die Objekte der Darstellung wechseln. So wird man bei

Gebäuden, die aus dem einen oder andern Grunde häufiger Auffrischung unterworfen wurden, übereinandergeschichtet die verschiedensten Arten der Dekorierung finden und hoffen dürfen, der Veränderung des Kunstgeschmacks in den aufeinanderfolgenden Zeiten auf die Spur zu kommen. Renovationen dieser Art sind in verschiedenen Gebäuden nachweisbar. Stephens[1] macht darauf aufmerksam, daß in der Westhalle des Mittelgebäudes, die sich nach dem Nordwesthof öffnet, wo sich nahe dem südlichen Ende verschiedene unzusammenhängende Malereien zeigen, an gewissen Stellen sechs Schichten von Stuckbelag und Farben übereinanderliegen. Aber in der Westhalle des Hauses *E*, das als eines der wichtigeren und hervorragenderen Gebäude vermutlich zum Beginne einer jeden wichtigen Zeitperiode einer äußerlichen Erneuerung unterzogen wurde, sind diese verschiedenen Stucküberschichtungen und der Wechsel in der Art der Verzierung besonders deutlich.

Maudslay ist meines Wissens der erste gewesen, der darauf aufmerksam gemacht hat, daß an dem oberen Rande der Hinterwand dieser Westhalle, in einem friesartigen vertieften Bande, das genau unter der Gewölbunterkante sich hinzieht, unter einer bedeckenden Stuckschicht, ein Streifen sichtbar wird, der zwei Reihen mit schwarzer Farbe gemalter Hieroglyphen enthält. Maudslay hat durch Entfernung der bedeckenden Stuckschicht diesen Streifen in einer gewissen Ausdehnung freigelegt und gibt von ihm auf der Tafel 42 seines IV. Bandes auch eine Photographie (meine Tafel XVIII). Ich bin noch etwas darüber hinausgegangen und habe dieses Hieroglyphenband in einer Länge von etwa drei Metern durchgepaust (Abb. 123). Ähnliche Hieroglyphen sind aber auch an der Außenwand zum Vorschein gekommen. An der Nordseite der (von Norden aus gezählten) zweiten Türe, die die westliche Außenwand dieser Halle durchbricht, bedeckte eine dicke Schicht von Kalksinter die Innenseite der Türe und einen Teil der angrenzenden Außenfläche der Wand. Herr Benito La Croix, der Beamte, dem von der Regierung die Sorge für diese Ruinenstadt übertragen worden ist, und der sich dieser Aufgabe mit Geschick und Liebe erledigt, hatte den guten Einfall, diese Sinterbedeckung durch einige vorsichtige Schläge zu entfernen. Da trat auf einmal, noch in frischer Farbe und in leidlicher Erhaltung, eine Hieroglyphensäule zutage, die pfeilerartig die Türe an der

---

[1] Incidents of travel in Central America, Chiapas and Yucatan. New York 1841. Vol. II, p. 316.

Abb. 123. Palenque, Palacio. Haus *E* (Maudslay), Westhalle. Hieroglyphenband am oberen Rande der Hinterwand. (Nach Durchzeichnungen des Verfassers.)

Außenseite begrenzte (Abb. 124). Die Hieroglyphen sind mit schwarzer Farbe gegeben, wie an dem Friese der Hinterwand der Halle, aber sie sind an diesem sozusagen Außenpfeiler auf einem blauen Grunde gemalt, der von der ockerroten Bemalung der übrigen Außenwandfläche und der Türkante sich scharf abhob.

Abb. 124. Palenque, Palacio. Haus *E*, Westhalle. Hieroglyphensäule an einem Türpfeiler der Außenwand.
(Nach einer Durchzeichnung des Verfassers.)

Diese Hieroglyphen sind leider nirgends in vollständigen Reihen erhalten, aber soviel ist klar, daß sie dem Stile und der Art der Schreibung nach gewissen Mayahandschriften, und zwar der Dresdner Handschrift und dem Pariser Codex Perez, ganz nahe verwandt sind. Auch daß die pfeilerartig angeordneten, eine äußere Türeinfassung bildenden Hieroglyphen auf blauem Grunde gemalt sind, hat sein Analogon in der Dresdner Handschrift, wo auf den Blättern 61 und 69 gerade einige der pfeilerartig angeordneten Hieroglyphenreihen auch von einem blauen Grunde sich abheben. Über die Bedeutung dieser Hieroglyphen ist bei dem doch im großen und ganzen ziemlich traurigen Erhaltungszustande wenig zu sagen. Bei den Hieroglyphen, die den Fries der Hinterwand der Westhalle bilden, ist es klar, daß es sich in der Hauptsache um Daten und Periodenabgrenzungen handeln muß. Neben Tagesdaten, wie dem Datum *bolon ik* »neun Wind«, das an dem rechten Ende der unteren Reihe von Abb. 123*d* sich findet, kommt namentlich die Hieroglyphe *tun*, die den Zeitraum von 360 Tagen bezeichnet (vgl. oben S. 65, Abb. 75, Fig. 102—104), häufig vor, zusammen mit Stäbchen und Punkten, die die Zahlen Fünf und Eins darstellen. Aber auch einige andere Hieroglyphen sind bestimmbar, z. B. Abb. 123*e*, in der unteren Reihe, die Hieroglyphe des vom Himmel stürzenden Hundes, des Blitztieres.

Diese Hieroglyphen sind, wie ich oben schon sagte, von Maudslay durch Entfernung einer obersten, anscheinend keine figürliche oder hieroglyphische Malereien tragenden Stuckschicht ans Tageslicht gebracht worden. Aber, abgesehen von dieser Deckschicht, scheint die die Hieroglyphen tragende Schicht die jüngste Wandbedeckung darzustellen. Weiter unten, an derselben Hinterwand der Westhalle, werden wieder Spuren von Hieroglyphen nach Art der Dresdner Handschrift sichtbar, und hier erkennt man, daß diese hieroglyphische Schicht eine andere überdeckt, die sowohl die Wand wie den Fries überzieht, und die gleichmäßig mit einer dunklen braunroten Farbe gemalt war, von der eine Art Linienverzierungen und

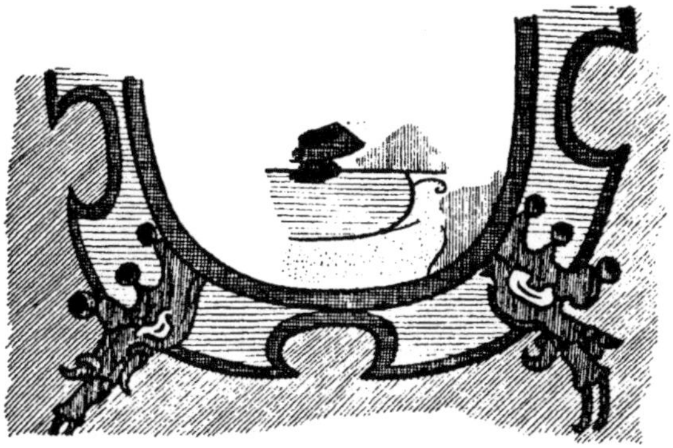

Abb. 125. Palenque, Palacio. Rest einer Malerei auf einer der Stuckschichten unter der Hieroglyphenschicht auf der Hinterwand der Westhalle des alten Hauses *E*.
(Nach einer Durchzeichnung des Verfassers.)

Strichmuster in Schwarz sich abheben. Dieselbe Schicht scheint aber auch große farbige Medaillone getragen zu haben. Von einem von diesen ist an einer Stelle, wo die oberen Schichten abgeblättert sind, ein Stück zum Vorschein gekommen, das ich in Abb. 125 wiedergebe. Das Medaillon ist offenbar der gleichen Idee entsprungen wie die, die in der Zahl von Dreizehn, in Stuckrelief ausgeführt, auf der Hinterwand der Osthalle des großen Ostgebäudes des Palastes, das Maudslay mit dem Buchstaben *A* bezeichnet, angebracht sind (vgl. oben S. 49, Abb. 51, 52 und S. 54, Abb. 61). Denn auch hier sehen wir, im Kreuz gestellt, an den vier Ecken je einen phantastischen Schlangenrachen herausragen, dessen Augenbrauen gestielte Augen aufsitzen, und dessen Schnauzenende mit langen gekrümmten Zähnen versehen ist. Das Medaillon selbst ist gleich den Linienverzierungen schwarz, die Schlangenrachen aber mit roter Farbe umrissen. Es ist schade, daß von diesem Medaillone nur so wenig noch erhalten ist, und daß das hier wiedergegebene anscheinend das einzige ist, das von dieser Schicht übrig geblieben ist. Es würden vielleicht, wenn mehr davon geblieben wäre, diese Medaillone auch über die Bedeutung der schönen Stuckmedaillone der Osthalle des Ostgebäudes Aufschluß geben können.

Eine noch ältere Stuckschicht ist auf der Hinterwand derselben Westhalle, auf dem unmittelbar unter der Gewölbunterkante sich hinziehenden, schwach von der Wandfläche sich abhebenden Friese, an einer Stelle, wo eine stärkere Durchnässung der Wand eine Abblätterung der äußeren Schichten bewirkt hatte, zum Vorschein gekommen. Da sich Malereien zeigten, habe ich versucht, das Muster ganz freizulegen und, vorsichtig weitergehend, seine Fortsetzung festzustellen, soweit nicht noch erhaltene Reste der jüngeren Bemalungen eine Schonung erheischten. Es stellte sich heraus, daß ein farbiges Muster ganz anderer und abweichender Art in regelmäßiger Folge den ganzen 0.23 m hohen Fries füllte, und daß darunter ein ganz ähnliches, nur in der Farbe abweichendes Muster ein 0.26 m hohes Band oben an der Wandfläche bildete. Der zugrunde liegende Gedanke ist in beiden Mustern der gleiche (Abb. 126 und 127): ein Augapfel mit Pupille und Connectiva, der sowohl oben wie unten von einem Lide beschattet wird, an das sowohl oben wie unten ein Gebilde sich schließt, das man als Braue deuten möchte, das jedenfalls in auffälliger Weise an die Gebilde erinnert, die in dem Stuckreliefe Abb. 96 (oben S. 78) den ja auch als Augen erscheinenden Tau-Nischen aufsetzen. Der Grund, von dem sich dieses Muster abhebt, ist zinnoberrot, der Augapfel natürlich weiß, die Pupille schwarz; die Bindehaut ist durch einen zinnoberroten Fleck bezeichnet. Lid und das, was wie eine Braue erscheint, sowie die seitliche Einfassung des Gebildes sind hier merkwürdigerweise in beiden Streifen mit gleicher Farbe — in dem oberen, dem Friesstreifen, schwarz, in dem unteren Streifen gelb gemalt[1]. Die vorspringenden Punkte des Umrisses jedes einzelnen Elements sind außerdem mit je einem Auge besetzt, das, wie üblich, in weißer Farbe gegeben ist, mit einem seitlichen roten Bindehautfleck.

---

[1] An einer Stelle ist der Fries ausgebessert und die Flickstelle von neuem bemalt worden. Da sieht es denn aus, als ob dieses schwarze Augenband über dem gelben säße. Aber daß hier in der Tat eine Flickerei vorliegt, ersieht man erstens daraus, daß diese Stuckpatzerei sich über den zinnoberroten Untergrund erstreckt, und dann auch daraus, daß der Ausbesserer ein anderes, dunkleres, ockerfarbenes Rot verwendete.

Dieses Muster, ganz abweichend von dem Mayakunststile, wie er gerade hier in Palenque zu seiner höchsten Vollendung entwickelt erscheint, ist aus der uns bekannteren mexikanischen Symbolik verständlich. Es war bei den Mexikanern Sitte, die einzelnen Monumente und ganze Bau-

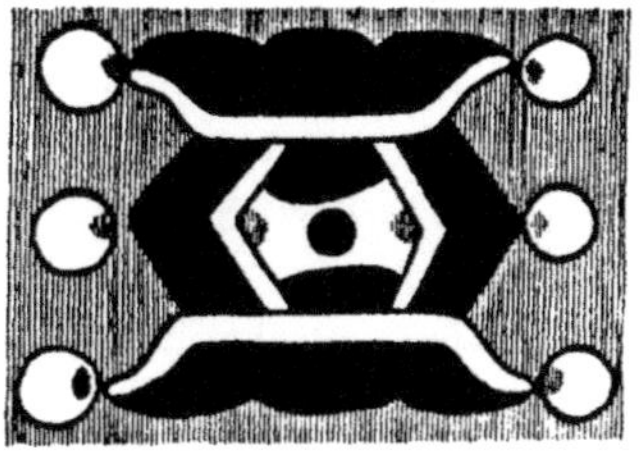

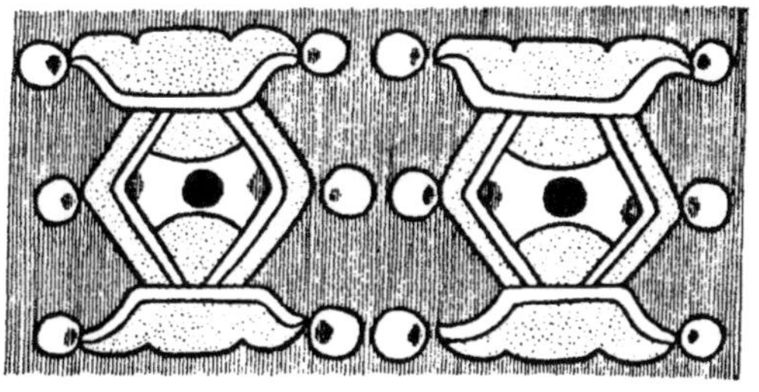

Abb. 126, 127. Palenque, Palacio. Gemalte Borte auf dem schmalen Friese unterhalb der Gewölbeunterkante und auf einem Streifen gleicher Breite darunter, auf der Hinterwand der Westhalle des Hauses *E* des Palastes von Palenque. (Nach einer Durchzeichnung des Verfassers.)

werke an den der Erde zugewandten Teilen — d. h. dem unteren Rande oder geradezu der auf dem Boden ruhenden, gar nicht sichtbaren Unterseite — mit dem Abbilde der Erde, die dem Himmel zugekehrten — Oberseite, Fries und Dach — mit dem Bilde des Himmels oder himmlischer Elemente zu verzieren. Die Erde bildeten die Mexikaner als Kröte ab oder als den zähnestarrenden Rachen eines mit wirrem, mit Augen besetztem Haare ausgestatteten weiblichen Ungeheuers. Als Bildnisse des Himmels wurden die Sonne oder stufenförmig abgesetzte

Zinnen, die den Mexikanern Abbilder der Wolken waren, oder der Sternhimmel verwendet. Mit dem Bilde der Sonne wurde mit Vorliebe die Oberseite der Monumente verziert. Mit den stufenförmigen Zinnen, den Abbildern der Wolken, besetzte man den Rand des flachen Daches. Die oberen Teile der Wandflächen und den Fries der Gebäude schmückte man mit Augen auf dunklem Grunde, denn das waren den Mexikanern die Sterne des Nachthimmels. Als Sterne des Nachthimmels sind zweifellos auch die nach oben und nach unten sehenden Augen der alten Malerei auf den beiden Friesstreifen der Mittelwand des Hauses *E* von Palenque, die hier in Abb. 126 und 127 wiedergegeben sind, aufzufassen, und es ist eine in hervorragendem Sinne mexikanische Idee, die demnach in diesen alten Wandmalereien ihren Ausdruck findet.

Als ich diese wichtige Entdeckung gemacht hatte, suchte ich sofort, ob nicht an den andern Wänden Reste ähnlicher oder verwandter alter Malereien zu finden wären, und hatte das Glück, an der Außenseite der westlichen Außenwand dieser Halle dieselbe obere Randborte, nur in andern Farben, wiederzufinden (Abb. 128). Die Lider waren hier überall mit gelber Farbe angegeben und ihre haarige Beschaffenheit, d. h. die Wimpern, durch eine Strichelung des Randes zum Ausdrucke gebracht. Die seitliche Einfassung des Symbols und die oben und unten angesetzten Gebilde erscheinen hier in blauer Farbe.

Unter dieser obern Augenborte, die eben diesen obern Teil der Wand als obern, als Fries, kennzeichnet, kamen auf dieser Außenwand dann noch andere Bilder zum Vorschein. Denn es stellte sich alsbald heraus, daß auf dieser Außenwand die späteren figürlichen Bemalungen der Innenwand ganz fehlten und die hieroglyphischen, wie ich oben schon angegeben hatte, sich auf pfeilerartige Streifen zu den Seiten der Türen beschränkten. So hatten wir an der Außenwand nur unbemalte oder nur einfarbig bemalte dünne Stuckschichten zu entfernen, um auf die alten Malereien zu kommen. Wir fanden so auf der Wandfläche der Außenwand unter der obern Augenborte vier Horizontalreihen stilverwandter Bilder, die allerdings nicht, wie in den obern Randstreifen, dicht nebeneinandergesetzt waren, zusammenhängende Borten bildend, sondern in gewissen nicht ganz regelmäßigen Abständen von links nach rechts (von Norden nach Süden) einander folgten (vgl. Taf. XIX). Während außerdem in den obern Randstreifen sowohl der Innenwand wie der Außenwand die das Band bildenden

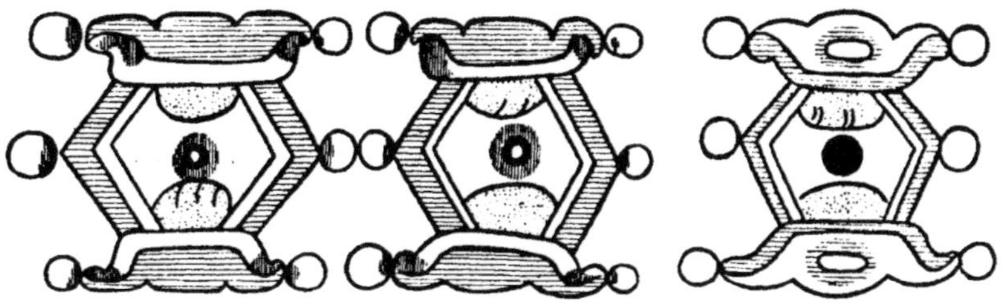

Abb. 128. Palenque, Palacio. Gemalte Borte, an dem oberen Rande der Außenwand der Westhalle des alten Hauses *E*.
(Nach Durchzeichnungen des Verfassers.)

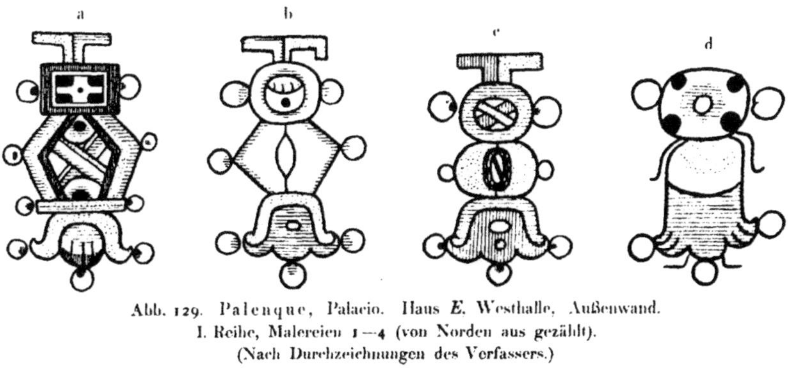

Abb. 129. Palenque, Palacio. Haus *E*. Westhalle, Außenwand.
I. Reihe, Malereien 1—4 (von Norden aus gezählt).
(Nach Durchzeichnungen des Verfassers.)

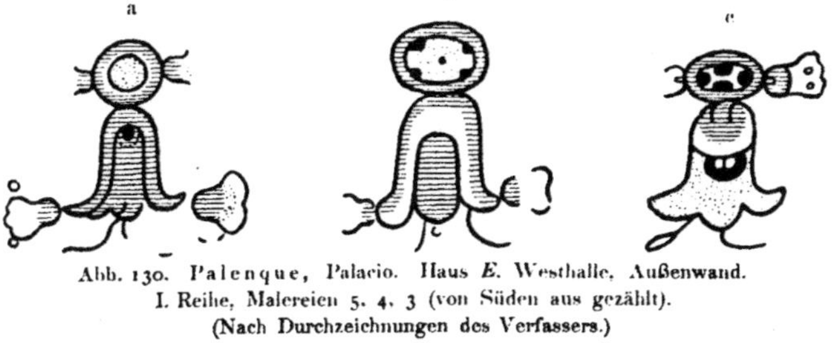

Abb. 130. Palenque, Palacio. Haus *E*. Westhalle, Außenwand.
I. Reihe, Malereien 5, 4, 3 (von Süden aus gezählt).
(Nach Durchzeichnungen des Verfassers.)

Einzelbilder alle einander ungefähr gleich waren, zeigten die auf der Wandfläche darunter in Horizontalreihen angebrachten Bilder eine beachtenswerte Variation.

In gewisser Weise stereotyp sind nur die Bilder der II. Reihe (vgl. Abb. 131—133), die augenscheinlich eine geöffnete vierteilige Blüte

Abb. 131. Palenque, Palacio. Haus *E*, Westhalle, Hinterwand des Innenraums. Malerei der II. Reihe.

a b

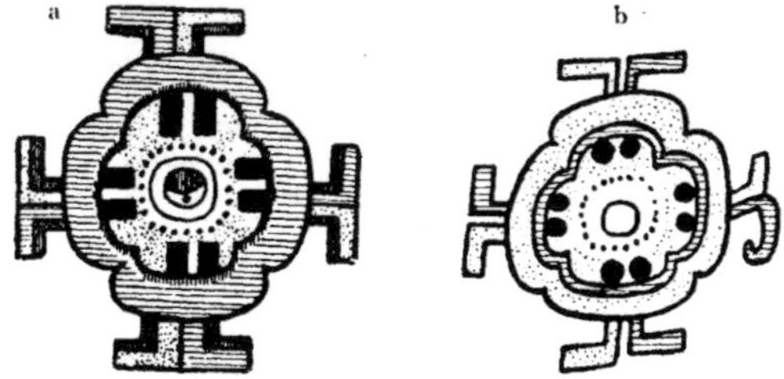

Abb. 132. Palenque, Palacio. Haus *E*, Westhalle, Außenwand. II. Reihe, Malereien 3, 4 (von Norden aus gezählt). (Nach Durchzeichnungen des Verfassers.)

a b c

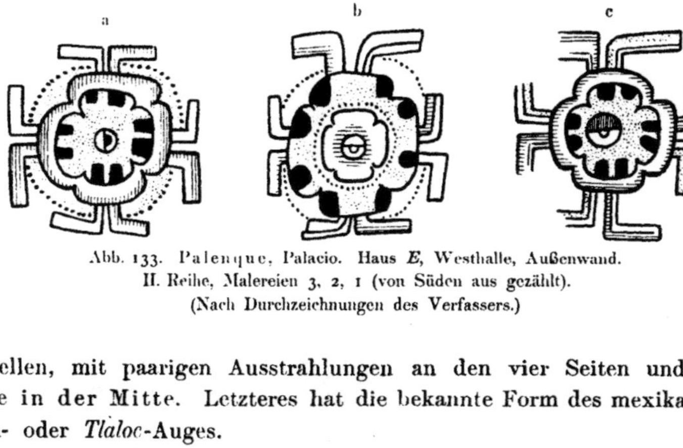

Abb. 133. Palenque, Palacio. Haus *E*, Westhalle, Außenwand. II. Reihe, Malereien 3, 2, 1 (von Süden aus gezählt). (Nach Durchzeichnungen des Verfassers.)

darstellen, mit paarigen Ausstrahlungen an den vier Seiten und einem Auge in der Mitte. Letzteres hat die bekannte Form des mexikanischen Stern- oder *Tlaloc*-Auges.

Von den andern Formen erwähne ich zunächst das Bild Querreihe III, Säule 4 (von Norden = Abb. 134 *c*), weil dies die Erläuterung für die konstituierenden Elemente der Friesborten gibt. Denn es ist klar, daß dies Bild ein Auge mit Pupille und wimpernbesetztem Lide zeigt, an das unten wie oben je eine (nach unten bzw. oben gewandte) Blüte sich ansetzt.

In dem Bilde Querreihe I, Säule 1 (von Norden = Abb. 129 *a*) ist ein Auge ähnlich dem der Friesborte innen noch mit einem diagonalen Kreuze gefüllt, und da dadurch für die Pupille in der Mitte des Auges kein Platz mehr war, ist auf jedes Augenlid eine Pupille gesetzt worden. Von den

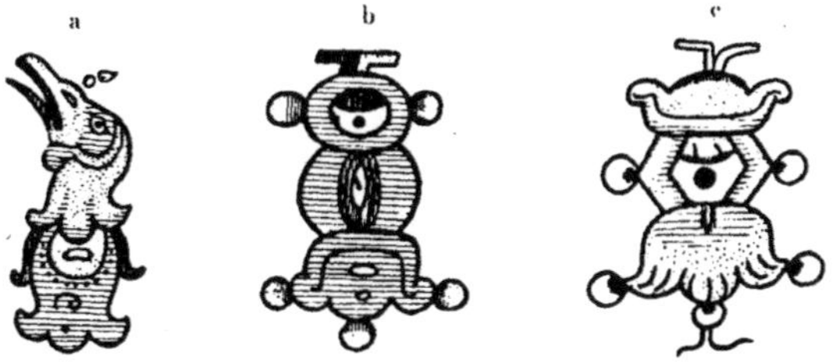

Abb. 134. Palenque, Palacio. Haus *E.* Westhalle. Außenwand. III. Reihe, Malereien 2, 3, 4 (von Norden aus gezählt). (Nach Durchzeichnungen des Verfassers.)

Abb. 135. Palenque, Palacio. Haus *E.* Westhalle, Außenwand. III. Reihe, Malereien 5, 6 (von Norden aus gezählt). (Nach Durchzeichnungen des Verfassers.)

beiden Blüten, von denen die eine nach oben, die andere nach unten gerichtet, dem mittleren Gebilde angefügt sind, ist die obere durch einen Quincunx ersetzt.

In Querreihe III, Säule 5 (von Süden = Abb. 136 *c*) hat das Auge in der Mitte noch den äußern Umriß wie auf den Friesborten, aber im Innern sieht man statt des Lides und der Pupille vier im Kreuz gestellte dunkle Flecke, die wohl zu einem Quincunx zu ergänzen sind. Nach unten

Abb. 136. Palenque, Palacio. Haus *E*, Westhalle, Außenwand. III. Reihe, Malereien 7, 6, 5 (von Süden aus gezählt). (Nach Durchzeichnungen des Verfassers.)

Abb. 137. Palenque, Palacio. Haus *E*, Westhalle, Außenwand. III. Reihe, Malereien 4, 3, 2 (von Süden aus gezählt). (Nach Durchzeichnungen des Verfassers.)

Abb. 138. Palenque, Palacio. Haus *E*, Westhalle, Außenwand. IV. Reihe, Malerei 4 (von Norden aus gezählt). Nach einer Durchzeichnung des Verfassers.)

hängt eine Blüte. Die entsprechende nach oben strebende Blüte ist durch einen Quincunx ersetzt.

Einen Quincunx statt des Auges in der Mitte sehen wir in den Bildern Querreihe III, Säule 4 und 6 (von Süden = Abb. 137 *a* und 136 *b*). Und diesen sind wohl auch die nur aus zwei Elementen bestehenden Bilder Querreihe III, Säule 5 (von Norden = Abb. 135 *a*) und Querreihe I, Säule 3 und 4 (von Süden = Abb. 130 *c* und 130 *b*) anzufügen. In diesen Bildern fehlt eben einfach die obere Blüte, daher ist die untere lang und hängend. In verwandten Formen Querreihe III, Säule 6 (von Norden = Abb. 135 *b*) und Querreihe I, Säule 5 (von Süden = Abb. 130 *a*) ist schließlich das Auge oder der Quincunx durch eine einfache, doppelt umrissene Scheibe ersetzt.

Eine besondere Form hat das mittlere Element in den Bildern Querreihe I, Säule 2 und 3 (von Norden = Abb. 129 *b* und *c*) und Querreihe III, Säule 3 (von Norden = Abb. 134 *b*). Hier zeigt dieses Element, das bald den eckigen Umriß des Auges der Friesborten, bald kreisförmige oder ovale Begrenzung zeigt, in der Mitte einen senkrechten Spalt. Mein Freund, der mit dem Schutze dieser Ruinen betraute Subinspector de Monumentos D. Benito La Croix in Santo Domingo del Palenque, hält dieses Element für eine Vulva, und ganz widersinnig erscheint mir diese Erklärung nicht bei den bekannten Beziehungen, die zwischen Blüte und Geschlechtlichkeit im Geiste der Menschen immer bestanden haben. In dem ersten und dritten dieser drei Bilder ist die obere Blüte durch ein deutliches Auge mit wimperbesetztem Lide ersetzt, in dem zweiten durch einen mit einem liegenden Kreuze erfüllten Ring.

Etwas aus dem Formenkreise herausfallend ist das Bild Querreihe III, Säule 2 (von Norden = Abb. 134 *a*). Es gehört zu den obenerwähnten Bildern, die nur aus zwei Elementen bestehen. Der Hauptteil, der dem mittleren Elemente der anderen entspricht, ist hier ein Vogelkopf.

Dieser Figur schließen sich denn auch die Bilder Querreihe III, Säule 2 und 3 (von Süden = Abb. 137 *c* und *b*) und Querreihe IV, Säule 4 (von Norden = Abb. 138) an. Wir sehen hier die Figur, die in der Querreihe II die herrschende ist, wiedergegeben, aber mit Blüten statt der einfachen paarigen Ausstrahlungen an den vier Seiten. Aus der großen mittleren Blüte kommt bei dem Bilde Säule 2 (von Süden = Abb. 137 *c*) ein Skelett, bei dem Bilde Säule 3 (von Süden = Abb. 137 *b*) ein Hirschkopf — die Indianer erklärten es für einen Hund — und bei dem Bilde Querreihe IV, Säule 4 (von Norden = Abb. 138) ein Tierkopf, den ich nicht bestimmen kann. In dem Bilde Querreihe III, Säule 7 (von Süden = Abb. 136 *a*) ist ein Schlangenkopf deutlich erkennbar, aber es ist nicht mehr zu sehen, ob dieser auch aus einer Figur, ähnlich den Bildern der Querreihe II (Abb. 132, 133), sich entwickelt.

Diese Bilder, die aller Wahrscheinlichkeit nach die älteste Dekorationsschicht dieses alten Gebäudes darstellen, sind nun in mehr als einer

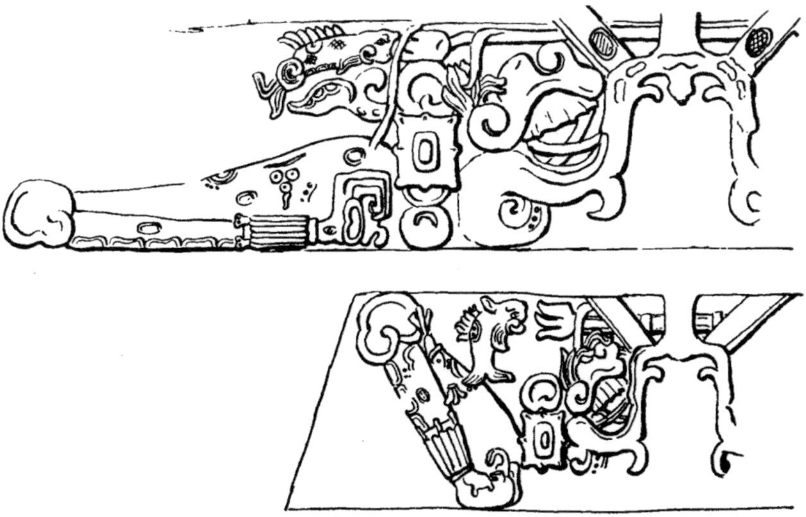

Abb. 139. Palenque, Kreuztempel I. Stuckrelief vom Friese der Nord- und der Westseite der Außenwand.
(Nach Maudslay IV, Pl. 68.)

Hinsicht interessant. Schon die Art der Verzierung mit einzeln zerstreuten Bildern, die sich nur an der oberen Wandbegrenzung zu zusammenhängenden Bändern oder Borten zusammenschließen, ist sehr eigenartig und in anderen Monumenten bisher noch nicht gefunden worden. Vor allen Dingen bemerkenswert aber ist es, daß der Stil dieser Bilder durchaus nichts gemein hat mit dem Kunststile, wie wir ihn später an dieser Stelle entwickelt finden, dessen Träger in dieser späteren Zeit die Mayastämme waren, in dessen Formen aber auch die in vorgeschichtlicher Zeit in Yucatan unter den Mayastämmen angesiedelten Mexikaner arbeiteten. Man vergleiche die Abbildungen 139—141. Die ersten stammen von einem

Mayabau, dem Kreuztempel I von Palenque. Die letzteren gehören einem Volke mexikanischer Kultur und mexikanischen Ursprungs an, das in *Chich'en Itzá* angesiedelt war. Weniger aber noch haben die von mir aufgedeckten Bilder, mit denen die Außen- und Innenwand der Westhalle des alten Hauses *E* in ältester Zeit verziert waren, mit den Formen etwas zu tun, die uns in den kunst- und handwerksmäßigen Erzeugnissen der Mexikaner der historischen Zeit entgegentreten.

Abb. 140, 141. *Chich'en Itzá*, Saal *E* am Ballspielplatze. Einzelheiten aus der untern Borte des Reliefs der Hinterwand. (Nach Maudslay II. Pl. 45 und 46.)

Der geschichtlichen Zeit ging in den Ländern des inneren Hochlands von México — wie man seit langem weiß, wie es uns aber durch Funde der neuesten Zeit besonders eindringlich zum Bewußtsein gebracht wurde — eine Kultur voraus, die anders geartet war, in anderen Formen schuf und, was die Entwicklung nach der künstlerischen Seite angeht, die der späteren historischen Zeit weit übertraf. Diese Kultur ist uns in *Teotiuacan* und den benachbarten Llanos, in *Tollan* und in der bergumsetzten Talebene von *Azcapotzalco* unweit der Hauptstadt Mexico erschlossen. Was für ein Volk es war, das diese Erzeugnisse schuf, wissen wir nicht, aber eine Verwandtschaft dieser Kultur mit den alten Kulturen der atlantischen Golfküste tritt deutlich zutage[1]. In den Erzeugnissen dieser alten Hoch-

[1] Vgl. meinen Aufsatz »Die *Teotiuacan*-Kultur des Hochlands von Mexiko« in Band V meiner »Gesammelten Abhandlungen«. Berlin, Behrendt & Co., 1915.

landskultur scheinen denn auch die deutlichsten Anzeichen einer Stilverwandtschaft mit den Blumenornamenten der Westhalle des alten Baues *E* in der Palastgruppe von Palenque uns entgegenzutreten. Ich verweise auf die Abbildungen 142—144.

Abb. 142. Flaches Tonplättchen. San Miguel *Amantla*. Samml. Seler.

Abb. 143. Tonkopf mit einem eingepreßten Zeichen auf der Stirn. San Miguel *Amantla*. Samml. Seler.

Abb. 144. Tongefäß mit ausgespartem Muster. *Teotiuacan*. (Museo Nacional de México.)

Hier haben wir ein völlig fest, sozusagen zur Dauerform gewordenes Ornament vor uns, das wenigstens zu der einen Reihe der Bilder des Hauses *E*, denen, die die zweite Reihe auf der Außenwand bilden (Abb. 131—133), in naher Beziehung steht. Dies der alten Hochlandkultur angehörige Ornament treffen wir einmal auf einem dünnen Tonplättchen, das offenbar als Verzierung an einem andern Gegenstande, Gefäß oder Figur, angebracht werden sollte (Abb. 142), sodann als Verzierung auf der Stirn eines Tonköpfchens (Abb. 143). Es bildet endlich das Muster eines Tongefäßes, das durch Entfernen der glänzenden obersten Schicht auf der Außenseite des Gefäßes ausgespart worden ist (Abb. 144). Dieses gleichartige Vorkommen auf so verschiedenen Gegenständen ist ein Beweis, daß es sich hier um ein besonders wichtiges, heiliges Symbol handelt. Und wenn dieses absonderliche und sozusagen erstarrte Ornament der *Teotiuacan*-Kultur sein Analogon und seine Erklärung in der alten von mir aufgedeckten Palenqueverzierung findet[1], so wird man zu der Annahme gedrängt, daß ein genetischer Zusammenhang zwischen dieser ältesten Palenquekultur und jener alten präaztekischen Hochlandkultur bestand.

In früheren Aufsätzen[2] habe ich den Nachweis geführt, daß in *Mayapan* und *Chich'en Itzá* in Yucatan inmitten einer Mayabevölkerung Abteilungen der großen mexikanischen Nation gewohnt haben müssen, die gewaltige Bauten schufen, die sich in wesentlichen Stücken von der Bauart der eigentlichen Mayavölker unterschieden. Die Bauten dieser beiden Stile liegen aber nebeneinander und scheinen im großen und ganzen derselben Zeit anzugehören. Anders die von mir aufgedeckte Blumendekoration der Wände der Westhalle des Hauses *E* von Palenque. Diese liegt vor der Zeit, wo man Hieroglyphen schrieb und die Reliefe schuf, die als dem Mayastil angehörig bezeichnet und als Werke der Mayakunst betrachtet werden. Wenn also diese Palenquemalereien sich als Ableger der alten präaztekischen Kultur des Hochlandes erweisen, so besagt das ganz etwas anderes als das Nebeneinander von mexikanischer und Mayakunst in *Mayapan* und *Chich'en Itzá*. Es besagt, daß hier in diesen Niederlandsgebieten die Kultur des Hochlandes erschien, bevor die technische und künstlerische Entwicklung einsetzte, die zu den großartigen Schöpfungen führte, die wir in den alten Ruinenstädten von *Chiapas*, der *Usumacinta*-Region und der angrenzenden Gebiete und in der Dresdner Mayahandschrift bewundern. Und es besagt, daß die oft gestellte Frage, ob die mexikanische vor der Mayakultur oder diese vor der mexikanischen existierte, in ganz anderer Weise beantwortet werden muß. Es taucht hier jener sagenumwobene Name auf,

---

[1] Diesen Zusammenhang habe ich in meinem Aufsatze »Die *Teotiuacan*-Kultur des Hochlandes von Mexiko« (Gesammelte Abhandlungen zur amerikanischen Sprach- und Altertumskunde Band V, Berlin 1915, S. 482—486) näher erörtert.

[2] »*Quetzalcouatl-Kukulcan* in Yucatan« (Gesammelte Abhandlungen Band I, Berlin 1902, S. 668—711). — »Die Ruinen von *Chich'en Itzá* in Yucatan« (Gesammelte Abhandlungen Band V, Berlin 1915, S. 197—388).

der Name jener kunstverständigen Leute, der Tolteken, die als erste Bewohner des mexikanischen Landes bezeichnet werden, die unter der Herrschaft ihres Königs, Priesters oder Gottes *Quetzalcouatl* ein durch die Kunst des Friedens blühendes, durch Güter aller Art gesegnetes, nicht durch Krieg und Menschenopfer beflecktes Reich gegründet haben sollen, dann aber, durch böse Zauberer in Schuld und Sünde verstrickt und ins Elend gebracht, samt ihrem Gotte ihre Heimat verließen und nach Osten, *teotl ixco* »der Sonne entgegen«, nach den Ländern der Küste zogen, »wo ihre Nachkommen noch heute leben«. Über diese Tolteken hat sich in den letzten Jahrzehnten viel Streit erhoben. Ich bin der letzte, zu verkennen, daß eine ganze Menge der Erzählungen, die von ihnen im Umlauf waren, rein mythischer Natur sind, den Niederschlag uralter Naturanschauungen darstellen, indem sie in der Hauptsache Erlebnisse des Mondes zu veranschaulichen scheinen. Daß aber daneben in diesen Erzählungen auch ein historischer Kern stecken müsse, habe ich und andere mit mir immer festgehalten. Und die Malereien, die ich in der Westhalle des zu der Palastgruppe gehörigen Hauses *E* in Palenque freilegen konnte, scheinen mir der dokumentarische Beleg für die Richtigkeit dieser Auffassung zu sein.

Es liegt mir nun noch ob, über die Bedeutung der besonderen Art von Verzierung, mit der, wie es ja doch scheint, die ersten Erbauer und Bewohner des alten Hauses in der Mitte des Palastkomplexes, das Maudslay mit dem Buchstaben *E* bezeichnete, die Wände dieses Hauses bedeckten, und über den Zweck und die Bedeutung dieses Hauses kurz meine Meinung zu sagen. Ich habe oben hervorgehoben, daß diesem alten Gebäude sowohl im Osten, wie in dem Raume nördlich von ihm, andere Gebäude angefügt waren, die mit ihrem Mauerwerke das Mauerwerk dieses alten Hauses zum Teile überdeckten. Von dem Gebäude östlich von dem Hause *E* — Maudslay bezeichnet es mit dem Buchstaben *B* — habe ich die Verteilung der Zimmer und die merkwürdigen bemalten Stuckreliefe beschrieben, die die Südseite der Mittelwand bedecken. Im übrigen ist über dieses Gebäude wenig zu sagen. Nur daß die Stuckreliefe beträchtlich späteren Ursprungs sein müssen, der Zeit der Hauptentwicklung der Mayakunst angehören müssen, ist zweifellos. Das letztere gilt noch mehr von den drei — oder eigentlich vier — Gebäuden, die nördlich von dem Hause *E* die Fläche des Palastmassivs in ihrer ganzen Ausdehnung bedecken. Auch sie weisen Stuckreliefe auf sowohl an ihren Außenseiten, wie an den Innenwänden der dem Osten zugekehrten korridorartigen Hallen. Aus der Natur und Art dieser Reliefe (vgl. oben Abb. 5—9 und Abb. 51, 52, 60, 61 und 62) konnten wir schließen, daß das östliche dieser vier Gebäude, von Maudslay mit dem Buchstaben *A* bezeichnet, der Sonne und den 13 Göttern des Tages, im besondern wahrscheinlich auch den im Osten lebenden Seelen der toten Krieger, geweiht gewesen sein muß. In gleicher Weise zeigen uns die Reliefe an der Außenseite des westlichen, von Maudslay mit dem Buchstaben *D* bezeichneten Gebäudes (Abb. 17—20), die denen an der Außenseite des Inschriftentempels (Abb. 28—31) verwandt sind, daß man hier der Krieger, die in Gestalt einer Frau auftreten, der Seelen der im Kindbette gestorbenen Frauen, die mit den Mond- und Erdgöttinnen eins sind, gedachte. In dem Mittelgebäude endlich, das Maudslay mit dem Buchstaben *C* bezeichnet, konnten wir die großen Stuckmasken (Abb. 65—70) an der Hinterwand der Osthalle mehr oder minder bestimmt mit den neun Herren der Nacht, die zugleich die Herren der neun Unterwelten sind, identifizieren. Und der Deutung, die daraus für das Gebäude sich ergibt, würden die Reliefe, die auf den Pfeilern der westlichen Außenseite dieses Gebäudes sich befinden (Abb. 48—50), zum mindesten nicht widersprechen.

Dieses Mittelgebäude ist es nun, das sich am engsten an das alte Gebäude *E*, und zwar besonders an dessen Westhalle, andrängt und sich trotz der verschobenen Lage, die es diesem alten Gebäude gegenüber hat, doch gewissermaßen als Fortsetzung der Westhalle dieses alten Hauses gibt, vielleicht geradezu als Ersatz für sie zu betrachten ist. Denn die zum Teil vermauerte Nordtür dieser Halle mündet auf die Terrasse, der das Mittelgebäude *C* aufgesetzt ist, während die Osthalle des Hauses *E* noch den alten Ausgang nach dieser Seite und die zum Nordosthof hinabführende Treppe besitzt. Sollte dieser Auffassung Berechtigung zuerkannt werden müssen, so würde sich der weitere Schluß ergeben, daß wir dem alten Hause *E* dieselbe Rolle und dieselbe Bedeutung zuschreiben müssen, die in späterer Zeit das Mittelgebäude *C* besaß, d. h. daß wir auch das alte Haus *E* den neun Herren der Nacht, den Herren der neun Unterwelten, der unterirdischen nächtlichen Region im allgemeinen, geweiht betrachten müssen. Und dazu würde ja die Tatsache, daß in die Westhalle dieses Gebäudes der hauptsächlichste der drei unterirdischen Gänge mündet, die von dem Südfuße des Palastmassivs zu dessen oberer Fläche emporführen, vortrefflich stimmen. Aber können wir mit dieser Auffassung es vereinen, daß Innenwände wie Außenwände dieser Halle in erster ältester Zeit mit Verzierungen bedeckt wurden, die Blüten darstellen oder eine Blüte als wesentliches Element enthalten?

Gedankenzusammenhänge, die darauf hinauslaufen, ergeben sich in der Tat und auf die einfachste Weise dadurch, daß die alte Mondgöttin, die

Abb. 145. Steinbild der *Couatlicue*. *Cozcatlan* (Distr. Teuacan).

Abb. 146. *Ciuacouatl* oder *Ilamatecutli*. Göttin des siebzehnten Jahresfestes *Tititl*. Codex Borbonicus 36.

die Herrin der Zeugung und der Fruchtbarkeit und alles Geschlechtlichen ist und darum im Bilde der Blüte begriffen wird, zugleich auch die nächtliche Göttin, die Herrin des Erdinnern, ist, die mit einem Schädel als Kopf, mit Jaguarpranken, mit einem aus Schlangen geflochtenen Hüfttuche (vgl. Abb. 145) und einem Halsbande von abgeschnittenen Händen und herausgerissenen Herzen abgebildet wurde, und die die dunkle Macht darstellte, die den jungen Sonnengott aus ihrem Schoße gebiert, der, in Wehr und Waffen dem Mutterleib entsteigend, die feindliche Schwester (den Mond) zerschlägt und seine Brüder, die auch der Nacht entsprungenen 400 Sterngötter, den Tempelberg hinunterjagt.

In ihrer ersten Auffassung war die Göttin den Mexikanern unter den Namen *Xochiquetzal* »Blumenschmuckfeder«, *Teteoinnan* »Göttermutter« und *Toci* »unsere Großmutter«, aber auch als *Tlaçolteotl* »Göttin des Unrats«, d. h. als »Sünderin« bekannt. Ihr Heiligtum wurde *Ciuateocalli* »Tempel der Frau« und *Xochicalco* »Blumenhaus« genannt. Wenn wunderlicherweise auch das Schwitzbad (*temazcalli*) den Namen *Xochicalli* »Blumenhaus« trug[1], so hatte das seinen Grund darin, daß nach altmexikanischer medizinischer Praxis das Schwitzbad den Schwangern zur Erlangung einer leichten Geburt verordnet wurde und deshalb der Göttin der Geburten, der alten Mond- und Erdgöttin, geweiht und mit dem Bilde dieser Göttin geschmückt war, die danach auch *Temazcalteci* »Großmutter der Schwitzbäder« genannt wurde[2].

In ihrer zweiten Auffassung hieß die alte Mond- und Erdgöttin *Ciuacouatl* »weibliche Schlange« und *Couatlicue* »die ein Hüfttuch aus Schlangen trägt« (vgl. Abb. 145). Sie gehörte zu den vornehmsten Gottheiten der Stadt México. In dem Festkalender des Codex Borbonicus ist ihr Bild fast auf jedem Blatte zu sehn (Abb. 146). Ihr Heiligtum, *Tlillan* oder *Tlillancalco* »Haus der Schwärze« genannt[3], lag gerade gegenüber dem südlichen Haupteingange in den Hof des großen Tempels *Uitzilopochtli's*, da, wo in spanischer Zeit die Königliche Münze sich befand[4]. Ein andres Heiligtum von ihr hieß *Tlalxicco* »im Nabel der Erde«, wo in der Nacht des Festes *Títitl*, des Hauptfestes dieser Göttin, der Priester dieser Göttin, der *Tlillan tlenamacac*, der Göttin räucherte, nachdem zuvor ein lebendes Abbild der Göttin, das *Mictlan tecutli* »Herr der Unterwelt« genannt wurde, geopfert worden war[5]. Aber auch der Name *Xochicalco* begegnet uns geradezu als Name des Heiligtums dieser Göttin; so in einem Berichte aus erster spanischer Zeit aus der Ortschaft *Colhuacan*, der von dem Verbleibe eines Idols namens *Macuil malinal* handelt, wo ein Tempel *Xochicalco* und daneben eine Höhle genannt wird, in dem sich das »Herz des Teufels« befunden habe[6].

---

[1] Sahagun, Buch 6, Kap. 27. Edit. Bustamante II, S. 175, 177.
[2] Sahagun, Buch 1, Kap. 8. Edit. Bustamante I, S. 6.
[3] Sahagun, Buch 2, Appendix. Edit. Bustamante I, S. 201.
[4] Tezozomoc, Crónica mexicana, Kap. 56. Edit. Vigil, S. 438, 439.
[5] Sahagun, Buch 2, Appendix. Edit. Bustamante I, S. 199, 200.
[6] Journal de la Société des Américanistes de Paris. N. S., Band VIII (1911), S. 164, 165.

Die letztere Beschreibung kennzeichnet geradezu die Sachlage, die auch für die Westhalle des alten Hauses *E* von Palenque zutrifft. Auch sie ist ein *Xochicalli*, ein »Blumenhaus«, und sie steht in Verbindung mit unterirdischen Räumen, die natürlich nicht bloß profanen Zwecken gedient haben werden, sondern als Aufenthaltsort und Verehrungsort der gefürchteten Gottheiten betrachtet worden sein werden, die in den unterirdischen Räumen, in dem »Nabel der Erde«, geboten. Die Gedankenzusammenhänge, auf die ich oben hinwies, die einem im ersten Augenblick paradox erscheinen wollen, bestehn also in der Tat. Sie bestanden für die alten Mexikaner und sind auch in den Vorstellungen andrer Völker wirksam gewesen. Aber besonders stark ausgeprägt waren diese Gedankengänge doch bei den alten Mexikanern. Und wenn wir ihnen hier so weit ab von den Zentralsitzen der mexikanischen Kultur begegnen, so ist das ein Beweis mehr dafür, daß die alte Hochlandbevölkerung, die in jenen alten Zeiten, vor der Zeit, in der die Hauptentwicklung der Mayahieroglyphik und Mayakunst einsetzte, in diese Niederlandsgebiete vorstieß, mit mexikanischen Stämmen in enger Berührung gewesen sein muß, daß die als mythisch betrachteten *Tolteken*, von denen wir in den alten Wandmalereien der Westhalle des alten Hauses *E* von Palenque die ersten greifbaren Spuren gefunden haben, und von denen wir annehmen dürfen, daß sie es waren, die die Elemente zu den Völkern der Küste brachten, aus denen nachher die Mayahieroglyphik und die Mayakunst erwuchs, den Mexikanern nahegestanden haben müssen.

Berlin, gedruckt in der Reichsdruckerei.

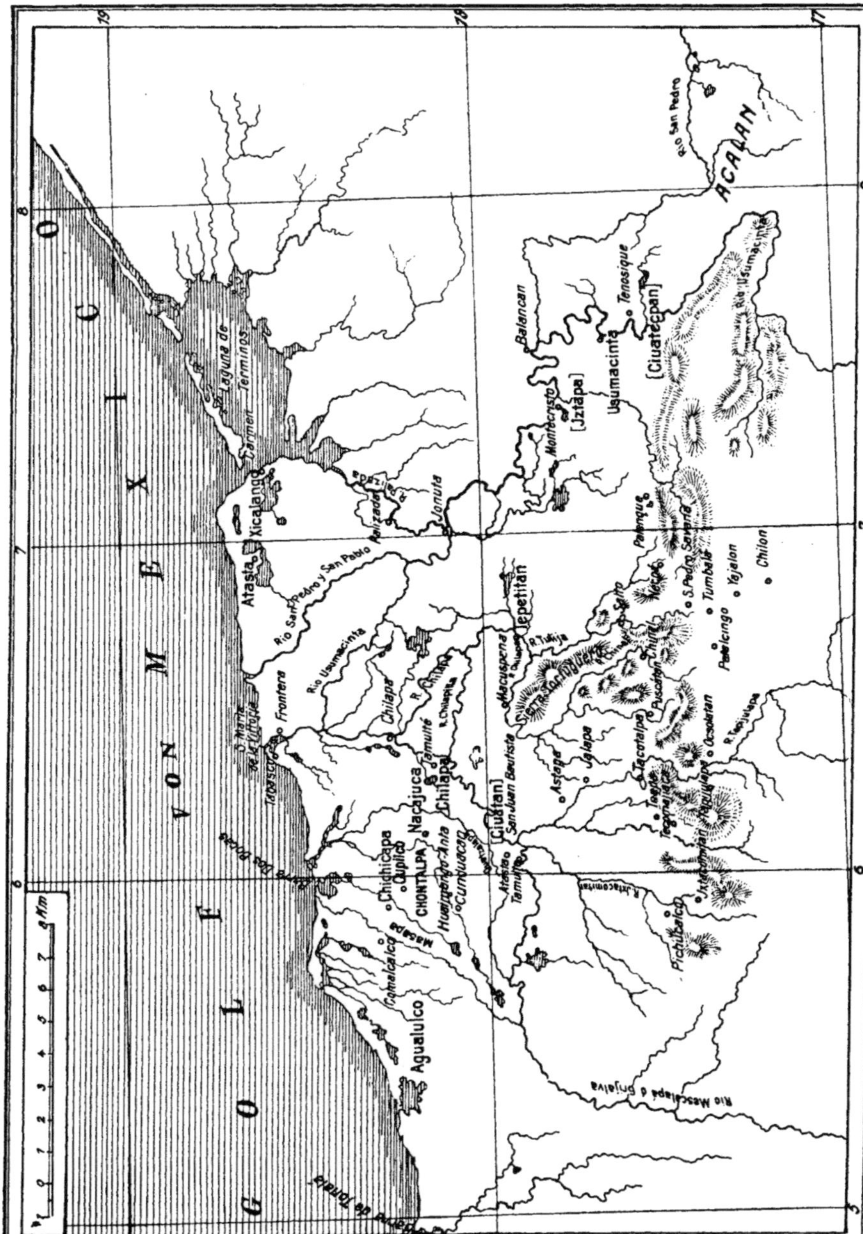

Karte von Tabasco (die eingeklammerten Namen sind heute nicht mehr im Gebrauch).

Seler: Beobachtungen und Studien in den Ruinen von Palenque.

Karte.

1. Santo Domingo del Palenque. Aufnahme von Caecilie Seler.

2. *Chol*-Indianer von Santo Domingo del Palenque, Korb flechtend.
Aufnahme von Caecilie Seler.

Seler: Beobachtungen und Studien in den Ruinen von Palenque.

Taf. I.

Palenque. Sogenannter Sonnentempel (»Templo del trofeo«, Maler). Aufnahme von Teobert Maler.

Seler: Beobachtungen und Studien in den Ruinen von Palenque.

Taf. II.

Palenque. Cella des Kreuztempels II mit den drei Altarplatten. Aufnahme von Caecilie Seler.

Seler: Beobachtungen und Studien in den Ruinen von Palenque.

Taf. III.

Palenque, Mittelstück der Altarplatte des Kreuztempels Nr. I. (Nach Maudslay IV. Pl. 76.)

Seler: Beobachtungen und Studien in den Ruinen von Palenque.

Taf. IV.

Palenque, Mittelstück der Altarplatte des Kreuztempels Nr. II (»Temple of the foliated cross«, Maudslay). (Nach Maudslay IV, Pl. 81.)

Seler: Beobachtungen und Studien in den Ruinen von Palenque.

Taf. V.

Palenque, Altarplatte des Tempels der Trophäe (des sogenannten Sonnentempels). (Nach Maudslay IV, Pl. 88.)

Seler: Beobachtungen und Studien in den Ruinen von Palenque.

Taf. VI.

1. Palenque, Basis des Palastmassivs. Nordwestecke. Aufnahme von Caecilie Seler.

2. Palenque, Basis des Palastmassivs. Südwestecke. Aus einer Aufnahme von Teobert Maler.

Seler: Beobachtungen und Studien in den Ruinen von Palenque.

Taf. VII.

1. Palenque, Palacio. Ostgebäude (Haus *A*, Maudslay). Ostfront (Außenfront).
Aufnahme von Teobert Maler.

2. Palenque, Palacio. Ostgebäude (Haus *A*, Maudslay). Westfront (Innenfront. Hofseite).
Aufnahme von Caecilie Seler.

Seler: Beobachtungen und Studien in den Ruinen von Palenque.

Taf. VIII.

Palenque, Palacio. Ostgebäude (Haus A, Maudslay).

1. Westhalle. 2. Osthalle.

Aufnahmen von Caecilie Seler.

Seler: Beobachtungen und Studien in den Ruinen von Palenque.

Taf. IX.

1. Palenque, Palacio. Mittelgebäude (Haus *C*, Maudslay).
Unterseite des vorspringenden Teils des Gesimses an dem Südende der Ostfront.
Aufnahme von Teobert Maler.

2. Palenque, Palacio. Mittelgebäude (Haus *C*, Maudslay).
Unterseite des vorspringenden Teils des Gesimses an der Nordecke der Ostfront.
Aufnahme von Teobert Maler.
(Ein rechts unten anschließendes Stück befindet sich noch an seiner ursprünglichen Stelle. Vgl. die Zeichnungen der sechs Hieroglyphengruppen, einschließlich der noch an der ursprünglichen Stelle befindlichen, in Maudslay IV, Pl. 24, Gruppen 1–6.)

Seler: Beobachtungen und Studien in den Ruinen von Palenque.

Taf. X.

1. Palenque, Palacio. Mittelgebäude (Haus C. Maudslay). Osthalle. Innenansicht. Aufnahme von Caecilie Seler.

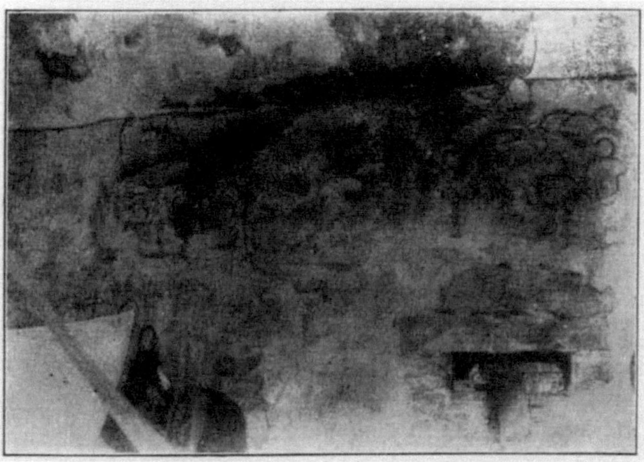

2. Hinterwand, mit den Stuckmasken 1—3. Aufnahme von Caecilie Seler.

Seler: Beobachtungen und Studien in den Ruinen von Palenque.

Taf. XI.

1. Palenque. Palacio. Mittelgebäude (Haus C. Maudslay).
Osthalle. Innenansicht. Hinterwand mit den Stuckmasken 3—6.
Aufnahme von Caecilie Seler.

2. Hinterwand mit den Stuckmasken 6—8. Aufnahme von Caecilie Seler.

Seler: Beobachtungen und Studien in den Ruinen von Palenque.

Taf. XII.

Palenque. Palacio. Mittelgebäude (Haus C. Maudslay).
Hieroglyphentreppe, die von dem Hofe zur Osthalle emporführt. Aufnahme von Teobert Maler.

Seler: Beobachtungen und Studien in den Ruinen von Palenque.

Taf. XIII.

Palenque. Palacio. Ostgebäude (Haus *A.* Maudslay). Reliefigfuren von Gefangenen, an der Nordseite der Treppe, die von dem Hofe zur Westhalle emporführt. Aufnahme von Teobert Maler.

Seler: Beobachtungen und Studien in den Ruinen von Palenque.

Taf. XIV.

Palenque, Palacio. Ostgebäude (Haus A. Maudslay). Reliefiguren von Gefangenen, an der Südseite der Treppe, die von dem Hofe zur Westhalle emporführt. Aufnahme von Teobert Maler.

Seler: Beobachtungen und Studien in den Ruinen von Palenque.

Taf. XV.

Palenque. Palacio. Mittelgebäude (Haus *C*, Maudslay) und das alte Haus mit den Malereien (Haus *E*, Maudslay) an der Ecke des Nordosthofes. Aufnahme von Teobert Maler.

Seler: Beobachtungen und Studien in den Ruinen von Palenque.

Taf. XVI.

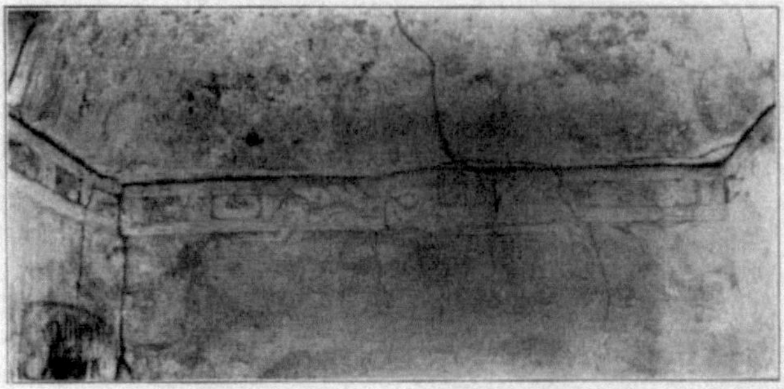

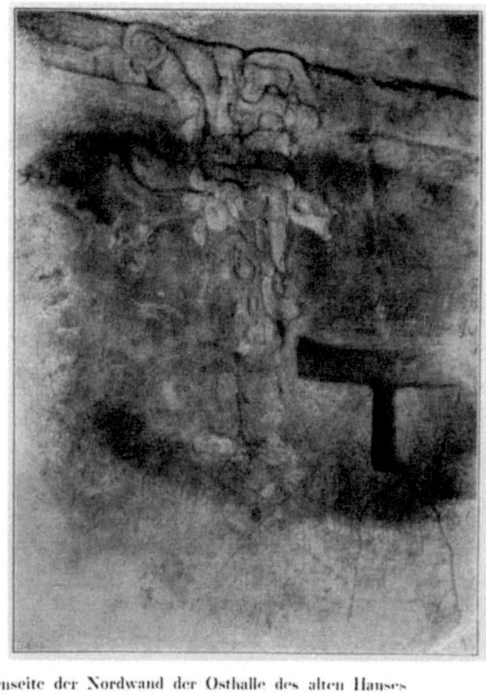

Palenque, Palacio. Himmelsschildrelief an der Innenseite der Nordwand der Osthalle des alten Hauses mit den Malereien (Haus *E*, Maudslay). Aufnahmen von Caecilie Seler.

Seler: Beobachtungen und Studien in den Ruinen von Palenque.

Taf. XVII.

Abb. 124. Palenque. Palacio. Das alte Haus mit den Malereien (Haus *E.* Maudslay). Westhalle. Hieroglyphen auf der obersten Schicht eines Streifens am oberen Rande der Mittelwand. (Nach Maudslay IV. Pl. 42.)

Seler: Beobachtungen und Studien in den Ruinen von Palenque.

Taf. XVIII.

1. Palenque, Palacio. Das alte Haus mit den Malereien (Haus *E*. Maudslay). Westhalle. Außenwand. Aufnahme von Caecilie Seler.

2. Palenque, Palacio. (Haus *E*. Maudslay). Westhalle. Malereien am Nordende der Außenwand. Aufnahme von Caecilie Seler.

Seler: Beobachtungen und Studien in den Ruinen von Palenque.

Taf. XIX.